Andres Männer

Apps, Fakes & Nudes

Ratgeber zur digitalisierten Lebenswelt der Jugendlichen

1. Auflage
© Militzke Verlag GmbH, Magdeburg 2021
Umschlag: Kerstin Spohler
Grafik: Daniela Veit
Druck und Bindung: CPI books GmbH, Ulm
ISBN: 978-3-86189-445-2

Militzke Verlag GmbH – www.militzke.de

Inhalt

Vorwort

Vorwort

Eigentlich wissen wir es und in Schulungen hören wir es wiederholt: wie wir mit verdächtigen E-Mails umzugehen haben. Und dennoch öffnet noch immer fast die Hälfte von uns die Anhänge verdächtiger E-Mails oder klickt auf Links in diesen Mails. Linus Neumann[1] hat dieses Verhalten in einer Studie gemessen, wobei nach einer Schulung noch immer 55 Prozent der Versuchsteilnehmer*innen bösartige E-Mails geöffnet und bearbeitet haben (Neumann 2020, ab Min. 30:10).

Was läuft in diesem Prozess falsch?

Unser Gehirn kennt im Prinzip zwei unterschiedliche Systeme, die für die Berechnung einer Reaktion verwendet werden (Kahneman 2016; Neumann 2020, ab Min. 25:17):

System 1 reagiert schnell, intuitiv und automatisch. Dieses System wird entweder in Stresssituationen aktiviert – also bei Angst, Zeitdruck und dergleichen – oder bei Langeweile, das heißt bei alltäglichen Situationen, welche in Automatismen übergegangen sind. Das Ergebnis – die Reaktion – basiert auf unbewusstem Handeln.
System 2 reagiert langsam, arbeitet rational. Das Ergebnis – die Reaktion – basiert auf Vernunft.
Angreifer möchten uns – natürlich – dazu bringen, über System 1 zu handeln. Das geschieht
- über Druck: „jetzt sofort", „nur noch heute", „dringend Hilfe benötigt" oder auch „sonst bin ich nicht mehr dein Freund", „du vertraust mir wohl nicht?";
- über Autorität: „Aktualisieren Sie Ihr Passwort, sonst …", „Mahnung. Zahlen Sie unverzüglich …"
oder
- durch das Ausnutzen von Automatismen: zum Beispiel bei der Installation immer „Weiter" klicken.

Das Problem: Schulungen sprechen vorrangig das System 2 an. Jede Schüler*in hat verstanden, warum man nicht auf Links in E-Mails klicken soll. Und jede Schüler*in weiß, welche Nachricht, welches Foto oder Video besser gelöscht wird. In der Praxis ist dann aber System 1 aktiv und man reagiert unüberlegt. So wird eben doch mal schnell der große rote Button angeklickt oder ein Nacktfoto geteilt.

Meine Hilfe: Neben erforderlicher Information – wir kommen an System 2 nicht vorbei – biete ich Ihnen – den Lehrkräften und Eltern – das Handwerkszeug, mit dem Sie im Unterricht und zu Hause möglichst das System 1 ansprechen können: indem nicht nur die Theorie erklärt wird, sondern die Schüler*innen Erfahrung aus erster Hand machen und das Feedback unmittelbar und einprägsam präsentiert bekommen.
Ein erheblicher Aufwand. Dieser Aufwand aber wird sich lohnen.
Ich verspreche Ihnen: Während des Lesens dieses Buches werden Sie sich öfter die Frage stellen: „Sind unsere Daten mehr wert als wir selbst?" Diese Fragestellung fasst die Kontroverse zwischen Technik und Ethik zusammen, welcher wir uns beim Thema Digitalisierung nähern und die an vielen Stellen in den Unterricht eingebaut werden kann.

Bevor wir uns gemeinsam der Aufgabe stellen, ein kurzer Hinweis, was Sie nicht von mir bekommen können:

- Ich bin kein Pädagoge. Somit kann und werde ich keine pädagogischen Konzepte erstellen. Ich liefere jedoch Ansätze aus der Sicht eines technisch versierten Vaters. Es ist die Entscheidung qualifizierter Lehrkräfte und engagierter Eltern, ob und wie meine Vorschläge in den Lehrstoff und den Erziehungsalltag einfließen.
- Ich bin auch kein Verkäufer. Somit erhalten Sie keine Einkaufsliste für Software oder Hardware. Eine solche Liste an Vorschlägen wäre niemals vollständig, erst recht nicht langlebig und auf jeden Fall immer diskutabel. Was Sie jedoch in diesem Buch finden werden, sind Anreize, in welche Richtung Sie sich bei der Wahl Ihrer Infrastruktur bewegen könnten.

ℹ

Hilfreiche Informationen zum Thema

  Neumann, Linus (2020): Hirne hacken – Menschliche Faktoren in der IT-Sicherheit (Dauer 43:47 min.)

www.internet-abc.de/kinder/lernen-schule/surfschein
Seite der Landesanstalt für Medien NRW. Kindgerechtes Quiz für Grund-schüler*innen, um grundlegende Verhaltensweisen im Internet zu vermit-teln. Auf der Webseite finden sich auch viele andere hilfreiche Artikel zu aktuellen Themen rund um den Jugendschutz im Internet.

www.klicksafe.de
Seite der Landeszentrale für Medien und Kommunikation Rheinland-Pfalz (Medienanstalt RLP) und der Landesanstalt für Medien NRW. Initiative der Europäischen Union für mehr Sicherheit im Internet. Für alle Altersgrup-pen, Lehrkräfte und Eltern geeignet. Hier können Lehrkräfte günstig Mate-rialien für den Unterricht bestellen.

https://epicenter.works/crypto
Seite des Vereins epicenter.works – Plattform Grundrechtspolitik, Wien. Der Verein für Netzpolitik und Grundrechte bietet eine gute Übersicht zu Möglichkeiten der digitalen Selbstverteidigung. Hierfür wird jedoch schon ein größeres Maß an technischem Verständnis vorausgesetzt.

www.4teachers.de
Seite der 4teachers GmbH, Koblenz. Unterrichtsmaterialien und Informa-tionen „von Lehrern für Lehrer".

https://appcamps.de
Kostenlose Unterrichtsmaterialien zu Programmierung und Medienbil-dung.

www.schau-hin.info
Aktuelle Informationen über technische Entwicklungen, Datenschutz und Jugendschutz.

https://medienportal.siemens-stiftung.org

Seite der Siemens Stiftung, München. Kostenfreie Lehrmaterialien – nicht ausschließlich für MINT-Fächer – in verschiedenen Sprachen für verschiedene Altersgruppen.

Bundesministerium für Familie, Senioren, Frauen und Jugend

www.bmfsfj.de ⇨ Suchbegriff „Cybermobbing". Informationsblätter über Cybermobbing des Familienministeriums. Der Beitrag „Was kann ich dagegen tun?" enthält weiterführende Kontaktadressen.

Polizei, Weißer Ring, Beratungsstellen

www.polizei-beratung.de/startseite-und-aktionen/verklickt/
www.polizei-beratung.de/themen-und-tipps/gefahren-im-internet/
https://weisser-ring.de/mobbing
https://beauftragter-missbrauch.de/praevention/sexuelle-gewalt-mittels-digitaler-medien/ (Informationsportal des unabhängigen Beauftragten des Bundes über sexuelle Gewalt mittels digitaler Medien)
https://wildwasser.de/ (Vereinigung regionaler Gruppen, die Kinder – v. a. Mädchen – zu Themen des Missbrauchs psychologisch unterstützen. Einzelne regionale Gruppen bieten auch Präventionskurse für Schulen an.)

1 Digitalisierte Lebenswelt

1.1 Was ist gemeint mit „Digitalisierung"?

Digitalisierung – das Buzzword ist in aller Munde. Trotzdem versteht jede und jeder etwas anderes darunter. Während meiner Arbeit in dem Sektor habe ich sehr unterschiedliche Beschreibungen gehört, angefangen damit, dass man bürokratische Arbeit von Papier-Tabellen zu Excel-Tabellen transferiert, bis hin zu komplett automatisierten Produktionsabläufen mit Verbindung zur Cloud oder gänzlich neuen auf Daten basierenden Geschäftsfeldern.

Eines haben all diese Aussagen jedoch gemeinsam:
Unter Digitalisierung wird schlicht die Verwendung von Computertechnik für vorher analog bearbeitete Aufgabenstellungen verstanden.

Damit ist die Digitalisierung an sich nichts Neues, sondern so alt wie die Erfindung des Computers selbst. Durch den Hype zu digitalisierten Prozessen fällt jedoch auf, dass nahezu jede Branche ihr eigenes Verständnis von Digitalisierung hat und deren Bedeutung für ihr Geschäftsfeld abwandelt. Eine Auflistung von Geschäftsmodellen, Prozessen oder Techniken, die im Allgemeinen unter dem Begriff Digitalisierung verstanden werden, geht am Thema dieses Buches vorbei und würde dessen Rahmen bei Weitem sprengen.

Was bedeutet es nun, wenn Digitalisierung Einzug in das Schulsystem hält? Und was bedeutet es für Eltern, wenn das Kinderzimmer „digital" wird? Dieses Buch vermittelt das nötige Wissen, um für den Bereich Bildung eine eigene Definition des Begriffs Digitalisierung zu finden. Diese Definition ist aus meiner Sicht sowohl für unser Schulsystem als auch im kleinen Rahmen für die Erziehung enorm wichtig und längst überfällig.

1.2 Digitalisierung in Schule und Kinderzimmer

Spreche ich mit Lehrer*innen über Digitalisierung, wird in den meisten Fällen darunter verstanden, dass traditionell analoge Aufgaben nun mit digitaler Unterstützung – also papierlos – verrichtet werden. Man könnte

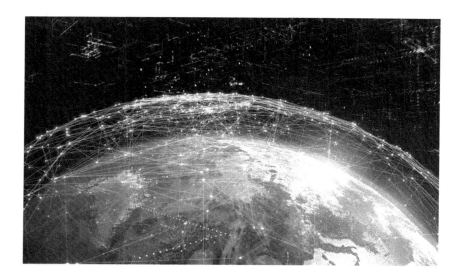

nun ganz trivial sagen, dass im Unterricht die Lehrplaninhalte mithilfe von Tablets, Smartphones oder Computern vermittelt werden. Somit werden der moderne Zugriff auf Inhalte und die moderne Verarbeitung von Wissen in den Unterricht mit einbezogen.

Versuchen wir nun, uns einer für die Bildung relevanten Definition von Digitalisierung zu nähern, so greift dieser Ansatz zu kurz! Digitalisierung im Unterricht dient nicht nur als Mittel zum Zweck. Es geht im Unterricht vielmehr um die Integration von Wissen über den Umgang mit modernen Medien. Es geht darum, eine Basis zur verantwortungsvollen, erkenntnisreichen, gewinnbringenden – und nicht zuletzt Spaß machenden – Nutzung digitaler Medien, insbesondere des Internets, zu schaffen. Und es geht darum, dass sich der Alltag und die Interessen der Schüler*innen in den letzten 20 Jahren drastisch verändert haben. Dagegen wirken herkömmliche Aufgaben im Lehrplan oftmals angestaubt. Es müssen also modernere Ansätze gefunden werden, um für die Inhalte des Lehrplans zu motivieren und sie geeignet zu vermitteln.

Da die Schüler*innen heute einen viel selbstverständlicheren Umgang mit modernen Medien pflegen, als dies viele Eltern tun, muss die digitalisierte Schule sich auch bei diesem Thema ihrer Rolle in der Erziehung sowie ihrer Aufgabe, Eltern zu unterstützen, bewusst sein.

Erziehung legt das Fundament unserer Gesellschaft. Eltern und Lehrkräfte geben Wissen, Lebensweisheiten und Lebensstrategien an ihre Kinder weiter. Auf Basis des Wissens der Eltern und Lehrkräfte können Heranwachsende neue Erfahrungen machen, neue Regeln schreiben und zur Innovation der Gesellschaft beitragen.

Jedoch scheint sich dieses Konzept durch die digitale Welt gerade zu ändern. Heutzutage erweitern sich technische Möglichkeiten rasant, sind meist unzureichend reguliert und bereits im frühen Kindesalter erreichbar. Selbst Eltern mit tiefem technischen Verständnis fällt es schwer, ihre Kinder in diesem Umfeld ausreichend zu unterstützen. Durch die digitale Vernetzung der Schüler*innen sind diese über neue Dienste meist besser informiert als ihre Eltern – und gehören nicht selten direkt zur Zielgruppe digitaler Angebote.

Dies widerspricht dem traditionellen Konzept von Erziehung und Kontrolle durch Eltern. Wo in der realen Welt eine Warnung vor heißen Herdplatten genügt, wissen Eltern oft nicht, wovor sie im Internet warnen sollen oder wie das Risiko für Kinder greifbar gemacht werden kann. Anders als beim Fernsehen sind im Internet Jugendschutz durch Inhaltsfilter und Altersbeschränkungen völlig unzulänglich. So sehen sich Kinder schon sehr früh mit Pornografie, Spielangeboten und Konsumdruck konfrontiert – um nur einige Risiken zu nennen. Wegen fehlender global wirksamer Gesetze bleibt als einziger Schutzwall das Elternhaus – was Eltern zur Aneignung medialer Kompetenz zwingt. Wichtig ist die Erkenntnis, dass sich der Wissenstausch umgekehrt hat. Wo früher Eltern Wissen an die Kinder vermittelten, haben jetzt die Kinder meist mehr technisches Verständnis als die Eltern. Daher ist es umso wichtiger, das Gefahrenpotenzial an sich, also weitestgehend unabhängig von der Technik, zu erkennen und in die Erziehung aufzunehmen. Erziehung heißt demzufolge, das große komplexe und ungefilterte Gefahrenpotenzial einer vernetzten Welt in die Aufklärung mit einzubeziehen. Eltern bleibt leider meist nur diese Aufklärung, um ihre Kinder zu sensibilisieren. Durch ein offenes und sensibles Ohr für die Probleme der Kinder und vor allem durch die aufmerksame Beobachtung der Aktivitäten ihrer Kinder im Internet sind die Eltern letztendlich in der Lage, den Jugendschutz auch bei digitalen Medien aufrechtzuerhalten.

1.3 Konsequenzen aus der digitalen Entwicklung

Für unsere Schüler*innen ist es mittlerweile völlig normal, mit unbekannten Menschen aus anderen Ländern zu kommunizieren und gemeinsam zu spielen. Dies kann in Zukunft helfen, Grenzen und Vorurteile abzubauen, und schult von Kindheit an den Umgang mit anderen Sprachen und Kulturen. Das Internet ermöglicht jedem einzelnen Menschen, auf globales Wissen zuzugreifen, sich politisch zu informieren und mitzuwirken.

Durch das theoretische Fehlen einer Autorität[2] und die technisch dezentrale Architektur ergibt sich die Chance auf politische und gesellschaftliche Teilhabe für alle. Dies ermöglicht ein großes Maß an Teilhabe, birgt jedoch enorme Risiken:

Zum einen wird die Reichweite von Informationen weniger durch deren Inhalt, als vielmehr durch deren finanziellen oder machtpolitischen Wert bestimmt. Außerdem ist die Verifizierung von Inhalten nur sehr schwer möglich.

Zum anderen lassen sich regionale Rechtssysteme schlecht an das globale Internet anpassen. Regierungen tun sich schwer damit, Gesetze zum Schutz der Bürger*innen auch online durchzusetzen. Das Problem liegt auf der Hand: Niemand kann verbieten, eine Webseite auf Deutsch zu übersetzen. Stellt zum Beispiel jemand in Südkorea eine Webseite ins Internet, die auch von deutschen Bürger*innen genutzt wird: Wieso sollte für den Betreiber deutsches Recht gelten? Und wie sollten deutsche Gesetze in diesem Fall durchgesetzt werden? Wenn der Betreiber ein seriöser Anbieter ist, hält er sich an die Gesetze Südkoreas – mehr aber ist wohl kaum zu erwarten.

Damit ist das Internet nicht nur ein Segen, sondern gleichzeitig auch das gewaltigste Machtinstrument der modernen Gesellschaft: Es
* kann in gewissen Teilen nicht durch regionale Gesetze gebunden werden;
* gibt jeder und jedem die Möglichkeit, zum Eigennutz Einfluss auf unsere Wertvorstellungen zu nehmen;
* ermöglicht einzelnen Unternehmen in manchen Bereichen, größere Macht über gesellschaftliche Werte auszuüben als regionale Regierungen.

Macht das Internet damit seine Nutzer*innen zu einer manipulierbaren Herde von Schafen? Und wer hat die Rolle der Schäfer*in?

Die Rechtssituation im Internet ist in gewisser Weise eine Form der Anarchie: Es bedarf der maximalen Selbstverantwortung der Einzelnen. Das bedeutet letztendlich, dass wir selbst dafür verantwortlich sind, uns zu schützen – und zwar sowohl vor anderen Schafen als auch vor so mancher Schäfer*in.

Um als Eltern und Lehrkräfte unsere Kinder noch selbst erziehen zu können, müssen wir lernen, wie wir im Internet von Schafen zu selbstbestimmten Nutzer*innen werden. Dies können wir nur erreichen, wenn wir als Gesellschaft die Teilhabe an den Möglichkeiten des Internets nicht verlieren:

- Wir müssen das Wissen und die Motivation vermitteln, wie wir unabhängig von kommerziellen Angeboten eigene Projekte im Internet umsetzen und auf gesellschaftliche Entwicklungen einwirken können.
- Wir brauchen das Wissen, wie wir uns im Internet emanzipieren können – wir sind frei zu entscheiden, was wir wie konsumieren.
- Wir brauchen das Wissen, wie wir die Mittel des Internets nutzen können, um Informationen zu finden und zu verifizieren. Kurz: Wir müssen lernen, Fakes von Fakten zu unterscheiden.

Zu einem tragfähigen schulischen Digitalisierungskonzept gehören vier wesentliche Aspekte:

1. **Medienbezogene Bildung:** Analyse des Umgangs mit digitalen Medien, der zugrundeliegenden Gefahren sowie der gesellschaftlichen Auswirkungen ⇨ Kapitel 2, 3 und 4.
2. **Lehrplanbezug:** Erweiterung des Unterrichts durch Verknüpfung der Lerninhalte mit der digitalen Welt der Schüler*innen ⇨ Kapitel 5.
3. **Technische Bildung:** Themen der Digitalisierung für den technischen Unterricht (u. a. Informatik) oder technische Projekte; Übersicht über umfangreiche Materialien zum Download ⇨ Kapitel 8.
4. **Technische Ausstattung:** Die Modernisierung der schulischen Ausstattung und Infrastruktur wird in diesem Buch nicht behandelt und lediglich in Form einer Ideensammlung angerissen ⇨ Kapitel 5.5.

2   Medienbezogene Bildung

2.1   Persönliche Daten – eine digitale Währung

Welche Schlüsselworte fallen uns zum Thema Daten ein? Einige Beispiele:

- sensible Daten
- Transparenz
- Verschlüsselung
- Anonymität
- digitaler Zwilling
- künstliche Intelligenz
- Gesichtserkennung
- Urheberrecht
- Whistleblower
- Vorratsdatenspeicherung

Wir sehen: Dazu fällt uns eine wilde Mischung aus gesellschaftlichen, politischen und technischen Themenbereichen ein, zu denen es zahlreiche kontroverse Diskussionen gibt. Um uns dem komplexen Thema der Daten zu nähern, werden wir uns zunächst der ganz grundlegenden Fragestellung widmen, was wir denn überhaupt unter Daten verstehen.

2.1.1   Was sind Daten?

Die scheinbar triviale Frage „Was sind Daten?" führt bei Schüler*innen häufig zu Stirnrunzeln und anschließend tiefsinnigen Diskussionen. Während der Diskussionen fällt ziemlich schnell auf, dass alles, was wir wahrnehmen, auch als Daten bezeichnet werden kann. Um diese Aussage etwas greifbarer zu machen, kann die Übung „Daten und was sie aussagen" (⇨ Seiten 122 f.) mit der Klasse durchgeführt werden.

Wir sehen: Daten können beispielsweise einen Menschen vollumfänglich beschreiben – von seiner Haarfarbe über seine Gewohnheiten bis hin zu seinen Wünschen.

Daten sind gespeicherte Informationen. Als solchen wird ihnen von der modernen Wirtschaft bereits mehr Wert zugesprochen als Erdöl. Warum ist das so? Der Antwort auf diese Frage werden wir uns im Laufe dieses Buches noch nähern.

Unsere Daten gelten als der wertvollste Rohstoff des 21. Jahrhunderts und sind somit das Erdöl der modernen Gesellschaft. Kein Wunder also, dass es viele Interessent*innen gibt, die an diese Daten gelangen wollen. Daher stehen Datenschutz und Jugendschutz den kommerziellen Bestrebungen scheinbar entgegen. Wenn wir uns ins Gedächtnis rufen, dass Daten uns und unsere Tätigkeiten beschreiben – das heißt, wir selbst die Urheber*innen dieses Schatzes sind –, dann wirkt es nahezu skurril, dass wir sogar Geld dafür zahlen, unser Verhalten möglichst vollständig auf Computern in anderen Ländern zu speichern.

2.1.2 Was sind sensible Daten?

Zum Einstieg in das Thema zeige ich meist ein kurzes Video über Abhörmethoden der Stasi und Datenschmuggel im Kalten Krieg.

 Galileo | ProSieben (2014):
Spionagegadgets im Kalten Krieg
(Dauer 14:19 min.)

Es hat sich gezeigt, dass das vordergründig recht langweilige Thema Daten (und Datenschutz) durch die Parallele zu Abhörtechniken das Interesse der Schüler*innen weckt. Die Fragen sind dabei vor allem:

* Warum wurden Daten unter Einsatz des eigenen Lebens geschmuggelt?
* Was ist der Wert von aufgezeichneten Gesprächen?
* Vor allem ist jedoch diese Frage brisant: Besitzen Daten heutzutage noch immer derartige Relevanz?

Diese Parallele kann fächerübergreifend in den Unterricht einfließen, zum Beispiel bei „Meinungsfreiheit" im Geschichts- oder Literaturunterricht. Nach diesem kurzen Exkurs kommen wir zu unserer Eingangsfrage zurück: Was sind eigentlich sensible Daten? Wie klassifizieren wir sie? Wonach unterscheiden wir normale und sensible Daten?

Eine weit verbreitete Auffassung:

* Es sind solche Daten sensibel, von denen wir nicht wollen, dass andere zu ihnen ohne unsere Erlaubnis Zugang haben.
* Ausschließlich die „Produzent*innen" von Daten (die Urheber*innen) können abschätzen, welche Konsequenzen sich aus der Freigabe ihrer Daten ergeben können und ob sie deshalb als sensibel einzustufen sind.

Diese Auffassung teile ich nicht! Es gibt eindrückliche Beispiele dafür („Slaughterbots" ⇨ Seite 55), welche Gefahr von vermeintlich harmlosen Daten ausgehen kann.

Als weitere Beispiele zwei Denkansätze:

- Meine geographische Position ist durchaus hilfreich für die Wegbeschreibung nach Hause, um Restaurants in der Nähe zu finden oder um Fotos mit Ortsangaben zu versehen. Meine Position wird aber sensibel, wenn ein Stalker, ein Exfreund oder sonst eine unliebsame Person auf diese Zugriff bekommt und mich leicht verfolgen kann. Wahrscheinlich haben ein paar Schüler*innen diese Erfahrung – zum Beispiel über Snapchat – bereits gemacht.
- Die Veröffentlichung des aktuellen Stromverbrauchs meines Hauses ist für Energieversorger durchaus relevant, um die produzierte Energie an den Verbrauch anzupassen. Hat jedoch eine Mitarbeiter*in im Energiewerk private Geldsorgen, wäre es ein Leichtes, Informationen über Familien im Urlaub an Einbrecher*innen zu verkaufen.

Das lässt nur einen Schluss zu: **Alle Daten sind sensibel!**

Wir sehen, dass alle gesammelten Daten sowohl sinnvoll und hilfreich verwendet, aber auch missbraucht werden können. Es hängt folglich nicht von der Art oder dem Inhalt der Daten ab, ob diese sensibel sind, sondern davon, wer darauf Zugriff hat und welches Ziel mit deren Verwendung verfolgt wird.

Ich unterteile deshalb in drei Kategorien:

Daten sind aufgrund ihres Inhalts sensibel.
Beispiel: Meine Tochter teilt ein Nacktfoto (Nude) mit ihrem Freund über ihr Profil einer Social-Media-Plattform. Sie ist minderjährig und der Inhalt ist pornografisch.

Daten sind aufgrund ihrer Bestimmung sensibel.
Beispiel: Ich teile öffentlich die Namen meiner Haustiere. Der Inhalt ist nicht sensibel. Diese Namen verwende ich jedoch auch als Sicherheitsfrage, um mein Passwort zurückzusetzen. Dadurch werden die Namen durch ihre Bestimmung sensibel.

Daten sind aufgrund einer eventuellen Verwendung sensibel.
Beispiel: Ich teile Bilder der letzten Party. Die Bilder sind harmlos. Sie sind dafür bestimmt, einen schönen Abend mit der Welt zu teilen. Jedoch erkennt ein Ordnungshüter darauf den Konsum von alkoholischen Getränken durch Minderjährige. Daraufhin bekommen die betreffenden Eltern Besuch vom Jugendamt.

2.1.3 Wie werden Daten gesammelt?

Ein weites Feld an Möglichkeiten! Wir versuchen, das Thema etwas einzugrenzen. Daten sind gespeicherte Informationen. Das bedeutet, dass zum Sammeln von Daten sowohl deren Erfassung als auch deren Speicherung gehören. Durch die Art der Speicherung unserer Daten wird im Wesentlichen bestimmt, wer auf diese Daten wie Zugriff bekommen kann.

Erfassen von Daten

Durch uns selbst. Durch die Verwendung digitaler Medien fallen Daten an –
• entweder bewusst, wenn wir beispielsweise Angaben über uns in Formulare eingeben, Fotos teilen und dergleichen;
• oder unbewusst, wenn beispielsweise durch die Verwendung unseres Smartphones Metadaten anfallen.
Metadaten werden zusätzlich ermittelt und beschreiben unsere Daten bzw. Handlungen. Dies kann z. B. die Verbindungsinformation eines Telefonanrufs sein (wer hat wen, wann von wo angerufen) oder die in einem Foto gespeicherte Information, wer mit welcher Kamera wann und wo dieses Foto aufgenommen hat.

Durch eigene Sensorik. Durch in unserem Besitz befindliche Sensorik – zum Beispiel einem Fitnesstracker, der Standorterfassung im Handy, einem Fingerabdrucksensor oder auch einem Sprachassistenten im Wohnzimmer – fallen Daten an. Die Verwendung dieser Sensorik geschieht ebenfalls
• entweder bewusst, wenn wir aktiv die Funktionen der Sensorik verwenden, beispielsweise einen Sprachbefehl äußern oder die Navigation des Smartphones verwenden;
• oder unbewusst, wenn die Sensorik unsere Handlungen überwacht, beispielsweise ein Sprachassistent unseren gesprochenen Worten lauscht oder unsere Position als Metadaten im Hintergrund ermittelt wird.

Durch externe Sensorik. Auch bei der Erfassung von Daten durch externe Sensorik können wir zwischen bewusster und unbewusster Datenerfassung unterscheiden:

- bewusst – beispielsweise durch die Verwendung von Kundenkarten oder einer EC-Karte an Bezahlterminals;
- unbewusst – beispielsweise durch Überwachungskameras oder das automatische Einwählen unseres Smartphones in Funkmasten.

Speichern von Daten

Lokal auf unserem Gerät. Daten, die wir ausschließlich lokal gespeichert haben, sind augenscheinlich in unserer Hand. Nur wer direkten Zugriff auf unser Gerät hat, erhält auch Zugriff auf diese Daten. Daten auf unserem Gerät können wir schützen – beispielsweise durch eine zusätzliche Verschlüsselung. Das heißt, wir haben die komplette Kontrolle über unsere Daten.

Risiko: Wir müssen uns natürlich auch darum kümmern, dass diese Daten beim Verlust oder bei einem Defekt des Geräts nicht verlorengehen. Ein Backup, das heißt eine Kopie der Daten auf einem anderen Gerät, würde dieses Risiko mindern, bedeutet jedoch Aufwand. Wie sicher unsere Daten sind, liegt also im Wesentlichen in unserer Hand.

Online synchronisiert. Derzeit ist es üblich, dass unsere privaten Daten redundant in online zugänglichen Datenspeichern abgelegt werden. Ein Verlust oder Defekt unseres Geräts führt damit nicht zum Datenverlust. Sicherer sind die Daten dadurch jedoch nicht unbedingt: Es besteht das Risiko des Kontrollverlusts. Wir müssen darauf vertrauen, dass allein wir Zugriff auf unsere Daten haben, obwohl diese auf einem fremden Server im Internet gespeichert sind.

Online-Synchronisation hat Vor- und Nachteile. Ein Vorteil ist, dass sich im Regelfall bei einem Online-Datenspeicher eigens geschulte Expert*innen in Vollzeit um die Sicherheit der Daten kümmern können. Andererseits wirkt ein solcher Datenspeicher für viele Interessenten wie ein vergrabener Schatz; somit ist davon auszugehen, dass dieser Dienst regelmäßig mit Angriffen zu kämpfen hat.

Ausschließlich online. Bei der Datenspeicherung ausschließlich online liegt die Datensicherheit allein in der Hand des verwendeten Anbieters. In der Regel haben wir keine Kontrolle darüber, wer wann und wozu auf diese Daten Zugriff erhält, uns bleibt im Regelfall nur unser Vertrauen in diesen Anbieter.

2.1.4 Was sind Vorratsdaten?

Den Begriff Vorratsdaten gibt es im Prinzip nicht. Wenn von Vorratsdatenspeicherung gesprochen wird, ist damit im Allgemeinen das anlasslose, vorsorgliche, vorübergehende Speichern der Metadaten der Nutzer*innen durch die Netzbetreiber gemeint. Diese Daten werden also auf Vorrat gespeichert.

Verständlicher ausgedrückt: Jeder Telefonanruf, jede aufgerufene Webseite, jedes angesehene Bild, Video, jeder Musikstream ... alles, was ich im Telefonnetz und im Internet tue, wird in Datenbanken gespeichert und für die spätere Auswertung durch dritte Personen oder Automatismen zur Verfügung gehalten. In diesen Daten können mitunter auch meine Eingaben in Formularen auf Webseiten, in Online-Texteditoren oder meine Kommunikation über Messengerdienste enthalten sein – je nachdem, wie gut der jeweilige Dienst die Kommunikation verschlüsselt.

Überspitzt ausgedrückt: Verpassen wir jedem Menschen zur Geburt einen Überwachungschip, der permanent die Bewegungen und Gespräche dieser Person aufzeichnet und auf einem Server abspeichert – wir bekommen dasselbe Ergebnis!

Was ist das Problem? Vorratsdaten können nicht anonymisiert abgespeichert werden, da bereits durch ihren Inhalt eine Zuordnung zu Personen möglich ist. Beispiel: Ich rufe mein Profil bei einem Onlinedienst auf: https://www.xing.com/profile/Andres_Maenner/cv – anhand des Aufrufs dieser Webseite ist bereits eine Zuordnung zu meiner Person möglich. Alle anderen über mich gesammelten Metadaten können somit auch meiner Person zugeordnet werden (⇨ Seite 22 und Glossar).

Ein interessanter Vortrag über Gefahren und Sinnhaftigkeit von Vorratsdatenspeicherung:

 Biselli, Anna (2015): Vorratsdatenspeicherung (Dauer 17:03 min.)

Sonderfall Tracking

Besonders hervorheben möchte ich das sogenannte Tracking. Hierbei geht es nicht nur um das einfache Erfassen und Speichern einzelner Daten, sondern vielmehr um das Sammeln und In-Verbindung-Bringen von Daten über einen Zeitraum. Bei einem Fitnesstracker liegt der Begriff des Trackings bereits im Namen. Durch bewusste Verwendung dieses Trackers sammeln wir einen zeitlichen Ablauf von Daten, um unsere Leistung auszuwerten.

Tracking begleitet uns beim Surfen im Internet. Auch den Schüler*innen ist sicher schon aufgefallen, dass sie gesuchte Produkte später, auf anderen Webseiten, immer wieder eingeblendet bekommen. Dies wird durch Cookies ermöglicht – ein Tracking, das mithilfe des Browsers durchgeführt wird.

Beispiele, wie Trackingdaten erhoben werden können:

- Browser oder Smartphone
- Add-ons im Browser (Virenscanner, Adblocker, Suchmaschinen usw.)
- Apps
- Netzbetreiber
- Webseiten/Cookies
- Schadsoftware und Spyware
- Sensorik

Risiko: Für den Mehrwehrt des Trackings sind wir oft bereit, sogar intime Daten von uns preiszugeben. Dadurch rückt die Sicherheit der Datenspeicherung wieder in den Fokus und Vertrauen spielt eine wesentliche Rolle, wie das Beispiel der Weitergabe erfasster Daten über den Menstruationszyklus an Facebook belegt (Ketterer 2019). Schnittstellen zu Facebook oder Google sind oft auch in Applikationen eingebaut, in denen wir es nicht erwarten.

Auch die unbewusste Erfassung von Daten gewinnt beim Tracking an Relevanz. Zum Beispiel können unsere Eingaben in Suchmaschinen, Bewegungen und Gewohnheiten von uns unbemerkt überwacht und gespeichert werden. Onlineprofile geben somit vertrauliche Details unseres Privatlebens preis. Durch die Verwendung dieser Informationen durch Dritte können sie als Grundlage für Entscheidungen herangezogen werden, welche eventuell zu unserem Nachteil sind. Man kann Tracking daher auch als digitales Stalking bezeichnen.

Hier ein informativer Talk, der das Bewusstsein über die massenhaft stattfindende Überwachung durch Datensammler*innen schärft. Tracking – und zwar permanent und ohne unser Wissen:

 Igler, André (2019): Tracking im Internet
(Dauer 44:22 min.)

Warum ist Anonymisierung zweifelhaft?

Die anonymisierte Speicherung von Daten wird oftmals mit der Sicherung von Privatsphäre gleichgesetzt. Diese Sicherheit ist jedoch nicht zwangsläufig gegeben, da mitunter Identifizierungsmerkmale innerhalb der gesammelten Daten selbst vorhanden sind. Zur guten Veranschaulichung der Aussage dient das Beispiel der Visualisierung globaler Trackingdaten von Fitnesstrackern in der Strava Heatmap: https://www.strava.com/heatmap

Hier sind die Bewegungsprofile aller von Tracking betroffenen Geräte anonymisiert auf einer Weltkarte eingetragen.

Ich kann jedoch beim näheren Betrachten sehen, dass ein Tracker immer exakt ein bestimmtes Grundstück betritt. Das Bewegungsprofil dieses Datenstroms kann also mit großer Wahrscheinlichkeit der Besitzerin, dem Besitzer dieses Grundstücks zugeordnet werden.

2.1.5 Wofür werden meine Daten verwendet?

Hier ein kurzer Abriss über die Verwendungsmöglichkeiten persönlicher Daten, den Gründen für die Verwendung und das jeweils enthaltene Risiko für uns als „Quelle" der Daten.

Diese Zusammenstellung hat keinen Anspruch auf Vollständigkeit und ist für den Unterricht an manchen Stellen eventuell ungeeignet. Ich halte es dennoch für sinnvoll, einen allgemeinen Überblick über diese Themen zu geben, um Diskussionen mit Schüler*innen fundierter führen zu können.

Um wieder zu unserem Video über Abhörmethoden der Stasi zurückzukommen: Wie läuft Spionage heute? Diese Frage wird von den Schüler*innen meist sofort selbst beantwortet. Ein Gerät, das unsere Position ortet sowie Kamera und Mikrofon enthält, trägt jede*r mit sich herum. Und dabei ist nicht allein das Smartphone gemeint. Zusätzlich sind wir mit Smartwatches, Fitnesstrackern und smarten Brillen ausgestattet. Diese „Wanzen" können viel: Sie „wissen", mit wem wir wann in Kontakt stehen, wen wir kennen, was wir kaufen und was uns interessiert. Zusätzlich werden unsere biometrischen Daten über Fingerabdrucksensor und Gesichtserkennung gesammelt. Dagegen können wir uns kaum wehren:

Anders als bei einem PC kann man bei einem mobilen Gerät wie Smartphone, Smartwatch oder Tablet das Betriebssystem meist nicht frei wählen. Man besitzt selbst keinen Root-Zugriff auf das Gerät – das heißt: Die durchschnittliche Anwender*in hat gar keine Möglichkeit, selbst über das Gerät zu bestimmen, vor allem dessen reale Tätigkeiten zu kontrollieren.

Um den Schüler*innen zu verdeutlichen, wie gering ihre Kontrolle über ein Gerät wie ein Smartphone ist, verwende ich gern dieses „analoge" Beispiel:

Wenn ich einen Schrank kaufe, kann ich diesen nach Herzenslust zersägen, lackieren oder umbauen. Es ist mein Schrank und ich darf damit machen, was ich will, da ich Root-Zugriff habe. Ich bin mir bewusst, dass ich durch den Umbau meine Garantie verliere, den Schrank zerstören oder mich verletzen könnte. Das ist das Risiko des freien Handelns.

Ohne Root-Zugriff steckt der Schrank jedoch in einem großen Kasten aus Panzerglas. Ich kann ein paar freigegebene Fächer verwenden, manche jedoch nicht. Wenn in einem dieser Fächer ein Männchen sitzt, das mich permanent anstarrt, mir zuhört und ständig mit irgendwem telefoniert, dann wird es komisch: Ein Teil meines Schranks gehört damit noch immer jemand anderem und wird dazu verwendet, mich zu überwachen. Für meine Privatsphäre hat der Hersteller einen roten Knopf eingebaut, der die Vorhänge vor dem Männchen schließt. Ich muss nun darauf vertrauen, dass diese blick- und schalldicht sind.

Spannende Fragen:
• Warum betreibt der Hersteller des Schranks so viel Aufwand, um mir bei meinen Gesprächen zuzuhören?
• Warum sind meine Daten so wertvoll?
• Was kann man aus diesen Daten machen?

Werbung

Was hältst du von Werbung? Ist sie für dich positiv oder negativ? Verbringst du gerne Zeit mit dem Lesen von Werbeanzeigen? Welche Reaktionen rufen sie bei dir hervor?

Fangen wir mit dem vermeintlich Harmlosen an: Werbung. Werbung akzeptieren wir meist bereits beim Bestätigen der Allgemeinen Geschäftsbedingungen, indem wir damit zum Beispiel bestätigen, dass uns Empfehlungen auf Grundlage unserer Interessen gegeben werden dürfen, unsere Aktivitäten mit externen Anbieter*innen geteilt werden oder wir dem Erhalt eines Newsletters zustimmen. Die Werbeindustrie profitiert in großem Maße von unserer Käuflichkeit: Für ein paar Bonuspunkte, ein wenig Ablenkung oder einfach durch Unwissenheit machen wir uns für diese Branche transparent. Nutzer*innenprofile werden erstellt und weil sie die Wirksamkeit von Werbeanzeigen erhöhen, können sie gut an Werbetreibende verkauft werden. Diese nutzen dann unsere Interessen, um gezielt Anzeigen für eine detailliert beschriebene Zielgruppe zu schalten – zum Beispiel für weibliche Jugendliche im Alter von 16 bis 18 Jahren mit Interesse an Rockmusik, einer linken politischen Einstellung und überdurchschnittlich hohen Ausgaben für In-Game-Käufe bei mobilen Computerspielen.

Harmlos? Diese Art der Verwendung unserer Daten ist möglicherweise vertretbar: Auf die eigenen Interessen abgestimmte Werbung zu bekommen kann durchaus erwünscht sein.

Verhaltensanalyse

Welche Unternehmen oder Institutionen können an deinem Verhalten interessiert sein?

Kritischer wird es dann schon, wenn persönliche Daten beispielsweise an Versicherungen weitergegeben werden. Man stelle sich vor: Plötzlich steigen die Beiträge zur Krankenversicherung, weil man übermäßig viele

Medienbezogene Bildung

oder ungesunde Lebensmittel einkauft – dabei spielt es keine Rolle, ob die Einkäufe für die Nachbarn oder eine Party erledigt wurden. Schnell rutscht man in eine Rechenschaftspflicht und muss das Einkaufsverhalten rechtfertigen.

Klingt utopisch? Eine Kfz-Versicherung bietet bereits in ihrem Telematik-Paket eine genau so funktionierende Versicherung an. Das Fahrverhalten wird getrackt und hat direkten Einfluss auf den Versicherungsbeitrag.

Zwar könnte man hier noch argumentieren, dass das Sammeln der Daten zum persönlichen Vorteil (Chance, niedrige Beiträge zahlen zu müssen) und zum allgemeinen Wohl (weniger Verkehrstote) beiträgt. Verfolgt man diesen Gedanken jedoch weiter, wird man zum Beispiel anhand von GPS-Koordinaten und Geschwindigkeit bald automatisch Strafzettel zugesendet bekommen. Die Daten sind Zeuge genug.

Es fällt auf, dass diese Szenarien dem persönlichen und allgemeinen Wohl dienen. Jedoch haben sie auch den bitteren Beigeschmack der Entmündigung. Die Bürger*innen werden dadurch gläsern und umfassend überwacht – und zwar anlasslos, also ohne Unschuldsvermutung. Klingt nach dem goldenen Käfig in Huxleys Roman „Schöne neue Welt".

Optimierung von Diensten

Was steckt dahinter, wenn dich eine App fragt, ob du bei der Verbesserung des Produkts helfen willst?

Eines der Hauptargumente für das Sammeln von Daten ist die Verbesserung der angebotenen Dienste. Seien es die Ergebnisse von Suchanfragen, Bedienbarkeit von Webseiten, Wirksamkeit von Werbung oder das Trainieren selbstlernender Systeme (zum Beispiel Übersetzungsservices).

Das Abgreifen von Daten geschieht jedoch nicht immer mit unserem ausdrücklichen Einverständnis. Allein durch die Nutzung von Geräten stimmen wir oftmals unfreiwillig zu, dass diese mehr oder weniger heimlich Daten über uns sammeln. Nutzer*innen müssen dies erkennen und aktiv verhindern – sofern das Gerät in diesem Fall noch nutzbar ist.

Der Mehrwert ist auch in diesem Beispiel wieder zweischneidig: Natürlich profitieren wir von besseren Produkten, aber wir müssen uns dessen bewusst sein, dass wir einzelnen Unternehmen damit den Ausbau ihres Marktvorteils ermöglichen – und es gleichzeitig anderen Unternehmen schwerer machen. Dadurch werden auf lange Sicht die Angebote im Internet auf die Dienste weniger internationaler Unternehmen zentriert, was das Gegenteil vom Gedanken des Internets darstellt. Die Teilnahme junger Unternehmen wird zunehmend erschwert.

Persönlicher Nutzen

Welche Apps installierst du bewusst, damit sie dich
überwachen können? Und warum?

Eine weitere Verwendung unserer Daten dient der Überwachung von uns selbst. Dabei sammeln wir selbst aktiv Daten, zum Beispiel um uns zu einem gesünderen Leben zu motivieren. Wir kaufen uns die technische Möglichkeit, unseren Schlaf zu kontrollieren oder unsere Schritte zu zählen und dabei Herzfrequenz und Position zu tracken. Diese Daten werden durch uns direkt an unserem Körper gesammelt und zur Analyse in die Cloud – Achtung: Cloud ist ein harmloser Begriff für einen Computer einer anderen Person oder Firma! – gesendet, wo wir wiederum Zugriff auf die Ergebnisse erhalten.

Von den Daten profitieren wir hier direkt durch die Möglichkeit zur Selbstdiagnose möglicher Krankheiten und der Motivation zu einer gesünderen Lebensweise.

Neben den schon erwähnten Vorteilen und Risiken des zentralisierten Sammelns persönlicher Daten birgt diese Art der Selbstüberwachung noch ein ganz anderes, psychologisches Problem. Wir begeben uns in eine Spirale der Hypochondrie. Ein etwas zu hoher Puls oder eine Nacht schlechter Schlaf? Aber ist das gleich ein Grund zur Sorge? Die Qualität ärztlicher Diagnosen könnte zwar mit dieser Form der Überwachung verbessert werden, jedoch könnte auch die Anzahl unnötiger Arztbesuche ansteigen. Wir verlernen, auf die Signale unseres Körpers zu hören, und vertrauen lieber auf Geräte, die meist nicht als medizinisches Produkt freigegeben sind.

Kundenbindung

Warum bekommt ihr mit einer Kundenkarte Rabatt?

Kundenbindung bedeutet, Kund*innen dazu zu bewegen, wiederholt in einem bestimmten Geschäft einzukaufen. Dazu werden zum Beispiel Kundenkarten verwendet, die als Gegenleistung einen Vorteil in Form von Rabatten gewähren. Ganz klassisch erfordert dieses Ziel jedoch nicht, persönliche Daten zu sammeln, sondern wird bereits mit einer einfachen Stempelkarte erreicht. Beim zehnten Stempel gibt es einen Döner gratis. Warum also in Technik und Infrastruktur investieren, um personalisierte digitale Kundenkarten zu verwenden?

Sobald wir eine personalisierte Kundenkarte verwenden, die beim Bezahlvorgang registriert wird, überlassen wir unsere Daten Dritten. Wir haben weder Kontrolle darüber, welche Daten erhoben werden, noch an wen sie verkauft oder wofür sie verwendet werden.

Die gleiche Funktion haben übrigens auch Gewinnspiele. Immer, wenn wir vorab unsere persönlichen Daten angeben müssen, haben wir bereits ohne Gegenleistung einen Mehrwert für das Unternehmen geschaffen, welches diese Daten wiederum selbst als Ware verwenden und vermarkten kann. Man könnte also sagen, die Kund*in schafft allein durch die Verwendung der Kundenkarte einen eigenen Wert und wird somit unwissentlich zur (schlecht bezahlten) Mitarbeiter*in.

Bei bekannten Rabattsystemen werden diese Daten an mehrere hundert Partnerunternehmen zu unbestimmtem Zweck weiterverkauft. Dies kann nicht nur zu unserem persönlichen Schaden führen, sondern auch eine offene Preisgestaltung am Markt behindern.

Vermarktung von Daten als Geschäftsmodell

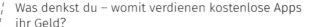

Was denkst du – womit verdienen kostenlose Apps
ihr Geld?

Dass Kunden*innendaten zum Zweck der Kundenbindung gesammelt werden, ist bestenfalls die halbe Wahrheit. Informationen darüber, welche Produkte wir wann, wo und zu welchem Preis gekauft haben, geben wir für einen äußerst geringen Gegenwert an die Betreiber von Bonussystemen, die diese Daten wiederum an Partnerunternehmen zu nicht festgelegten Zwecken weiterverkaufen.

Solch einer Vermarktung von Daten liegt in der Regel eine Zweckentfremdung zugrunde, und zwar immer dann, wenn ich das Sammeln meiner Daten für einen bestimmten Zweck akzeptiert habe, diese Daten dann aber für eine andere Nutzung weiterverkauft werden.

Aber Kundenbindungsprogramme sind bei Weitem nicht das einzige Mittel, mit welchem Daten als Handelsware gesammelt werden. Man kann davon ausgehen, dass fast jede kostenfreie App allein den Zweck verfolgt, möglichst viele Daten von den Nutzer*innen zu sammeln und anschließend zu verkaufen. Dieses Vorgehen müssen die Nutzer*innen bestätigen, um die App nutzen zu können: durch das Akzeptieren der allgemeinen Geschäftsbedingungen des Unternehmens und durch das explizite Erteilen von Zugriffsberechtigungen für die App. Richtig bitter wird es jedoch, wenn diese Daten ohne unser Wissen verkauft werden. Prominentes Beispiel ist ein Hersteller von Antivirensoftware, der die Kommunikationsdaten, die er zum Schutz seiner Kund*innen vor Viren gesammelt hat, an Dritte weiterverkaufte (Eikenberg 2020; Spehr 2020).

Aber auch die Deutsche Post, sogar staatliche Meldebehörden entdecken neue Geschäftsfelder und verdienen gut an unseren Daten (Prantl 2012; Zajonz 2018).

2.1.6 DSGVO – Datenschutzgrundverordnung

Wer reguliert eigentlich diesen Datenfluss, wem gehören diese Daten und wie kann ich als Person in Bezug auf meine Daten mündig bleiben? Ist wirklich jeder meiner Einkäufe, meine Wohnadresse, meine Briefkontakte – sind all diese Informationen ein ohne mein Wissen handelbares Allgemeingut? Nicht unbedingt. Die DSGVO (BMJV 2018) definiert auf EU-Ebene den Eigentumsbegriff an Daten. Anders als materielle Güter gelten Daten als Rohstoff – der einzige Rohstoff, der beliebig vervielfältigt werden kann. Der Wert von Daten als Rohstoff für datenbasierte Geschäftsmodelle beruht nicht auf dem Besitz von, sondern auf dem Recht des Zugriffs auf Daten. Dadurch wird das rechtliche Problem komplex. Daher müssen Konzepte zum Datenschutz bei Konzeption und Realisierung von schuleigener Infrastruktur bzw. bei der Technisierung des Unterrichts besonders beachtet werden. Durch die Regelungen der DSGVO wird das Eigentumsrecht der betroffenen Person bzw. der Datenquelle gestärkt. Auch wenn die Umsetzung der DSGVO oftmals umständlich und mit erheblichem Aufwand verbunden ist, stärkt sie doch das Recht der Verbraucher*innen, indem sie uns als Besitzer*innen unserer Daten unter anderem die Rechte einräumt:

• Recht auf Vergessen / Löschung der Daten
• Rechenschaftspflicht – Recht, die erfassten Daten abzufragen
• Recht, Daten zu anderen Anbietern zu übertragen
• Recht auf Zweckbindung – Daten dürfen nur zu dem angegebenen Zweck verwendet werden

Zudem ist es verboten, Daten über Personen zu sammeln, außer die Personen haben dem ausdrücklich zugestimmt.

Ich kann in diesem Buch nicht im Detail auf die DSGVO eingehen. Bei Bedarf ist zu diesem Thema zahlreiche Literatur erhältlich. Im Zweifelsfall sollte jedoch jeder verwendete Dienst, also jede App, jede Webseite und jedes Computerprogramm, eine ausführliche Datenschutzbestimmung beigelegt haben … und Sie sollten sie lesen, da sie ein für die Verwendung der Applikation gültiger Vertragsbestandteil ist.

Trotz ihrer Komplexität kann auch die DSGVO noch nicht alle Unsicherheiten in Bezug auf die datenverarbeitende Industrie lösen. So führt der Begriff des Dateneigentums, wie er in der DSGVO vorgesehen ist, dazu, dass wir zwar die Kontrolle über unsere Daten erhalten, sie aber dennoch zum Geschäftswert des speichernden Unternehmens gehören und ihre Löschung somit schadenersatzpflichtig wäre (TÜV Süd 2018).

Wichtig ist noch zu erwähnen, dass die DSGVO nur für in der EU ansässige Unternehmen gilt. Für nicht in der EU ansässige Unternehmen ist sie zwar ebenfalls gültig, jedoch schwer durchsetzbar. Das gilt auch für US-amerikanische Unternehmen. Diese informellen Absprachen zum Datenschutzrecht zwischen den USA und der EU (Privacy Shield)[3] wurden vom EuGH im Jahr 2020 für ungültig erklärt (Krempl 2020).

2.1.7 Whistleblower – in der Zwickmühle zwischen Ethik und Gesetz

Am Beispiel der Whistleblower kann die Macht aufgezeigt werden, welche von einer nicht autorisierten Veröffentlichung als geheim eingestufter Daten ausgehen kann.

Ein Auftrag der Presse ist, die öffentliche Kontrolle der Staatsgewalten – das heißt Regierung, Rechtsprechung und Polizei – zu ermöglichen. Damit wird die Presse zur „vierten Macht" in einem demokratischen Staat und gewährleistet dessen Transparenz und Legitimation. Nur durch diese Transparenz – und somit durch journalistische Arbeit – ist eine Demokratie

überhaupt möglich. Um diese Arbeit durchführen zu können, benötigt die Presse Quellen, das heißt verlässliche Informant*innen, welche der Presse Informationen zuspielen. Die Presse filtert und prüft diese Informationen, bereitet sie auf und bringt sie an die Öffentlichkeit. Regierungen wiederum stufen bestimmte Daten, deren Veröffentlichung negativ für ihre Arbeit wäre, als geheim ein. Whistleblower agieren in einer rechtlichen

Grauzone, bei welcher die Grenze zur Spionage verschwimmt. Ihr Mut ist essenziell, um Staatsgewalten effektiv kontrollieren zu können, daher werden sie von vielen als die größten Heldinnen und Helden der aktuellen Generation gefeiert. Sie verbüßen jedoch ungeachtet dessen lange Haftstrafen oder sind gezwungen, ins Exil zu fliehen. Und dies, obwohl ihre Veröffentlichungen meist in Zusammenarbeit mit der Presse geschehen und Straftaten von großem öffentlichem Interesse aufdecken.

Die drei in den 2010er-Jahren berühmtesten Whistleblower:

Chelsea Manning: Hat Informationen über Kriegsverbrechen von US-amerikanischen Soldat*innen veröffentlicht.
Edward Snowden: Hat Informationen über weltweite Spionage der NSA veröffentlicht.
Julian Assange: Hat die Veröffentlichung geheimer Daten unterstützt und Whistleblower durch Anonymisierung geschützt.
Im Glossar finden sich weitere Informationen zu den genannten Personen.

Dies sind extreme, aber immer noch aktuelle Beispiele zum Konflikt zwischen ethischer Verantwortung, gesellschaftlichem Interesse und juristischer Strafverfolgung. Es zeigt auch die Bedeutung von Daten und die Gefahr, die für die Beteiligten besteht, wenn Daten unberechtigt öffentlich zugänglich werden.

Zumindest Edward Snowden ist gesellschaftlich akzeptiert, tritt regelmäßig unter großem Beifall auf Konferenzen auf und wird bereits von vielen Lehrer*innen im Unterricht zitiert. Trotzdem ist die gesellschaftliche Kritik an der andauernden Strafverfolgung der genannten Whistleblower vergleichsweise gering.

Dies zeigt die Zwickmühle, in welcher sich Regierungen befinden: Auf der einen Seite steht die Tatsache, dass diese Veröffentlichungen die Geheimnisse staatlicher Institutionen betroffen haben. Und diese Veröffentlichungen führten zur Gefährdung von diplomatischen Beziehungen, militärischen Operationen und eventuell sogar Menschenleben. Aber sie haben auch zur Aufklärung von Straftaten geführt.

2.2 Jugendschutz und Aufklärung im digitalen Zeitalter

In der Pubertät neigen Schüler*innen dazu, sich der Kontrolle ihrer Eltern zu entziehen. Es ist neurologisch nachweisbar, dass sich das Gehirn umstrukturiert. Dabei gehen bereits erlernte Dinge zwischenzeitlich wieder verloren. In anderen Worten: Die Kinder werden ihren Eltern plötzlich unverständlicher als vorher, gleichzeitig gehen sie jedoch auf Konfrontation mit ihnen. Der pauschale Vorwurf des „Ihr versteht mich eh nicht" liegt permanent in der Luft. Schüler*innen suchen sich im Internet neue Bezugspersonen, von denen sie sich verstanden fühlen. Dazu lassen sich diverse Onlineforen und Communitys finden. Dies wissen jedoch auch Straftäter*innen, welche gezielt den Kontakt zu Minderjährigen suchen. Durch die emotional schwierige Lage der Schüler*innen entsteht hier schnell ein Vertrauensverhältnis und eine psychische Abhängigkeit, welche dann von Straftäter*innen ausgenutzt werden kann. So unter Druck gesetzt, vergessen selbst umfassend aufgeklärte Schüler*innen die erlernten Gefahren und lassen sich zu Dingen anstiften, die ihre Eltern niemals für möglich halten. So kommt es, dass sie zum Beispiel Nacktbilder – sogenannte Nudes – von sich aufnehmen und versenden.

2.2.1 Was muss Erziehung im digitalen Zeitalter leisten?

Nehmen wir die uns bekannten Schwerpunkte der Erziehung, die wir den Schüler*innen für die analoge Welt vermitteln, stellen wir schnell fest, dass diese für die digitale Welt ebenfalls zutreffen. Wir benötigen also Konzepte, wie wir diese allgemeinen Regeln der Erziehung auch in die digitale Welt übertragen können. Als Beispiel eine unsortierte Liste aus Themen des analogen Jugendschutzes und Schwerpunkten der Erziehung – ohne Anspruch auf Vollständigkeit:

- Steig nicht bei Fremden ins Auto.
- Erzähle keinem Fremden, wo du wohnst.
- Öffne Fremden nicht die Tür.
- Glücksspiel ist erst ab 18 Jahren erlaubt.
- Der Erwerb oder das Ausleihen pornografischer Filme oder Zeitschriften ist erst ab 18 Jahren erlaubt.
- Die Eltern bestimmen Schlafens- und Ruhezeiten ihrer Kinder.

- Die Eltern können über die sozialen Kontakte ihrer Kinder mitbestimmen.
- Die Eltern sind verantwortlich, dass ihre Kinder keinen Zugriff auf gewaltverherrlichende, verstörende oder brutale Inhalte haben.

Ich denke das genügt, um zu umreißen, welche Möglichkeiten wir unseren Kindern eröffnen, wenn wir ihnen unregulierten Zugriff auf digitale Medien gewähren.

Auch wenn es oft so scheint, als wären die Schüler*innen mit modernen digitalen Tools sehr gut vertraut: Sie können nur Selbstverantwortung übernehmen, wenn sie auch gelernt haben, wie sie mit diesen digitalen Medien umgehen. Das nötige Feingefühl für die Risiken und Gefahren einer Gesellschaft kann nur durch die Eltern vermittelt werden und ist für die Erziehung wichtiger denn je. Die Verantwortung für den Schutz und eine gesunde Entwicklung der Schüler*innen liegt immer bei den Eltern (aber auch bei den Lehrer*innen): Sie müssen in der Lage sein, durch Vorbildverhalten, Erklärungen, Aufklärung, kritisches Denken und ein gerüttelt Maß an Geduld diese Verantwortung zu übernehmen. Dabei ist es mehr als verständlich, dass die meisten von uns bei den Herausforderungen der digitalen Welt an Grenzen stoßen. Ein Ausweg aus der Situation ist die Weiterbildung der Eltern und Lehrer*innen, bei der dieser Ratgeber unterstützen soll. Auf die Bereitschaft dazu baue ich sehr, wäre doch sonst der einzige Ausweg die radikale Einschränkung der Möglichkeiten der Schüler*innen. Verbote jedoch sind schwer durchsetzbar, vor allem, weil sie oft gleichbedeutend sind mit einer sozialen Ausgrenzung im Freundeskreis.

Beim Konsum von Medien – nicht nur im Internet – ist die Fähigkeit zum kritischen Denken das Einzige, was uns hilft, Werbung von Realität, Meinungen von Fakten und Propaganda von Nachrichten zu unterscheiden. Kritisches Hinterfragen jeglichen Inhalts ist die Eigenschaft, welche selbstbestimmte Menschen von steuerbaren Konsument*innen unterscheidet.

2.2.2 Wann und wie greifen Eltern ein?

Wir wollen nun anhand einzelner Problemfelder betrachten, woran wir als Eltern erzieherischen Handlungsbedarf erkennen und wie wir in diesen Fällen reagieren können.

Zudem sei angemerkt, dass wir die hier angesprochenen Gefahren zwar aus Sicht des Jugendschutzes betrachten, sie jedoch nicht nur für Jugendliche gelten. Für eine Auseinandersetzung mit der digitalen Welt gehört ein Bewusstsein über diese Themen für mich zum Grundwerkszeug.

Pornografie

Steigen wir mit dem schwierigsten Thema ein: Pornografie. Bereits Schüler*innen haben – davor darf man die Augen nicht verschließen – uneingeschränkten Zugriff auf detailliertes Videomaterial, diverse Sexualpraktiken zeigend, die Sie als Eltern und Lehrkräfte vielleicht nicht kennen oder die Befremden bei Ihnen auslösen. Selbst wenn Sie das Smartphone Ihres Kindes mit Jugendschutz versehen haben, so ist es doch noch immer möglich, derartige Inhalte durch Freund*innen gezeigt oder zugespielt zu bekommen. Der erste Kontakt mit pornografischen Filmen findet häufig schon beim Wechsel in die weiterführende Schule statt – also ab einem Alter von zehn Jahren. Es hängt natürlich vom Charakter bzw. vom Interesse des Kindes ab, ob und ab welchem Alter es für solche Inhalte aufnahmebereit ist.

Wann und wie müssen Eltern eingreifen?

Ich kann nur empfehlen: Seien Sie aufmerksam, welche Medien Ihr Kind konsumiert und welche Fragen es stellt. Sehen Sie solche Gespräche als Chance, Ihrem Kind einen selbstbewussten, sicheren und informierten Umgang mit Sexualität mitzugeben. Tabuisierung schafft nur Nachfrage. Ich kenne Aufklärungsgespräche mit zwölfjährigen Mädchen, die sich mit Fragen wie Analverkehr, Bondage und Sadismus befassten. Diese Gespräche kamen jedoch nur zustande, weil aufmerksame Eltern Suchbegriffe ihrer Kinder aus dem Browserverlauf herausfilterten. Die meisten modernen Router bieten Jugendschutzfilter an, welche Sie für die Geräte Ihres Kindes aktivieren können. Mehr dazu auf ⇨ Seite 51. Solche Gespräche werden den Zugriff auf pornografische Inhalte nicht unterbinden – Stichwort Freund*innen und mobile Daten. Sie können jedoch die Anzahl an geblockten Zugriffen verwenden, um die Relevanz dieses Themas für Ihr Kind zu erkennen und einen geeigneten Zeitpunkt für Gespräche abzuschätzen.

Medienbezogene Bildung

Die Fragen der Kinder heute beziehen sich nicht mehr darauf, wie Kinder entstehen. Vielmehr fragen sie, welche Sexualpraktiken das andere Geschlecht erwartet, was als „normal" angesehen wird und was man sich alles gefallen lassen muss, um eine scheinbare „Liebesbeziehung" zu führen. Um als Eltern sensibel auf diese Themen eingehen zu können, empfehle ich, sich selbst im Internet mit den Inhalten und Kategorien pornografischer Webseiten auseinanderzusetzen. Nur so kann man erahnen, womit man es zu tun hat. Um hier einen Vergleich zu wagen: Ein öffentliches Fernsehformat mit erotischen Inhalten oder eine erotische Zeitschrift sind, verglichen mit online verfügbaren Videos, wie die Geschichte über Bienen und Blumen. Vielleicht wird es zur Normalität der heranwachsenden Generation gehören, offen über die Grenzen der Scham hinauszugehen und schon in jungen Jahren über diverse Sexualpraktiken informiert zu sein. Die Aufgabe ist, in einem solchen Szenario den Kindern trotzdem eine gesunde Beziehungsfähigkeit zu vermitteln. Dazu gehören wie in jedem Fernsehfilm die Unterscheidung zwischen Schauspielerei und Realität sowie das Vermitteln eines gesunden Selbstwertes. Und: Vermitteln Sie Ihrem Kind, was Liebe bedeutet.

Auf re:publica-Konferenzen (veranstaltet von der re:publica GmbH, Berlin) gab es interessante Vorträge zum Thema Aufklärung im „Zeitalter Porno". Dies zeigt, dass moderne sexuelle Aufklärung weit über die Möglichkeiten klassischen Aufklärungsunterrichts hinausgeht und nicht allein durch die Schule geleistet werden kann.

 Lehmann, Theresa; Le, Nhi (2017): Von Bienchen und Blümchen – Sexuelle Aufklärung im Netz
(Dauer 33:00 min.)

  Gallop, Cindy (2012): Make Love Not Porn
(Englisch, Dauer 60:55 min.)

Anonymität & Pädophilie

Anonymität wird im Allgemeinen als einer der Werte des freien Internets angesehen – also als Vorteil. Warum liste ich sie dann hier bei den Gefährdungen? Die Gefahr der anonymen Bedrohung wird oft vernachlässigt und bleibt allzu oft von Eltern unentdeckt. Anonymität ist aus meiner Sicht ein zweischneidiges Schwert. Sie sorgt unter anderem auch dafür, dass ich mir nur selten sicher sein kann, dass der, mit dem ich gerade kommuniziere, auch eine reale und vertrauenswürdige Person ist.

Michaela Huber, Psychologische Psychotherapeutin, Expertin für sexuelle Gewalt und erste Vorsitzende der Deutschen Gesellschaft für Trauma und Dissoziation, berichtet in einer Veröffentlichung aus dem Jahr 2013 von erschreckenden Zahlen. Vier Fünftel aller Schüler*innen, die im Internet chatten, werden von Pädokriminellen um ein Treffen gebeten (Huber 2013).

Wir können den Schüler*innen immer wieder einschärfen, dass Freunde im Internet nicht die sein müssen, für die sie sich ausgeben. Wir werden mit Sicherheit trotzdem überrascht sein, dass sie dies zwar glaubhaft verstehen, jedoch in der Realität nicht beherzigen und umsetzen können. Warum das so ist, habe ich bereits im Vorwort angedeutet und es zieht sich wie ein roter Faden durch dieses Buch: Das erlernte und verstandene Wissen auch in der Realität anzuwenden ist leider unwahrscheinlich, sobald unsere Instinkte angesprochen werden. Laut einem Bericht des Focus leben immerhin rund 250 000 pädophile Männer in Deutschland. Die Wahrscheinlichkeit eines Kontaktes ist somit hoch (Apfel 2020). Gefährdet sind, entgegen der landläufigen Erwartung, nicht nur Mädchen, sondern auch Jungen. Es kostet auch Jungen viel Überwindung, ehrlich mit den Eltern über dieses Thema zu reden.

Wann und wie müssen Eltern eingreifen?

Prävention ist leider äußerst schwierig, eine Musterlösung kann ich nicht anbieten. Jugendschutzfilter oder zeitliche Internetbegrenzungen sind für die Prävention derartiger Fälle ungeeignet. Besprechen Sie daher wiederholt mit Ihrem Kind den Unterschied zwischen Online-Bekanntschaften und echten Freund*innen. Erklären Sie Ihrem Kind, dass es keine Details wie den Namen der Schule, den Wohnort oder seine Adresse mit Online-Bekanntschaften teilen darf. Sollte Ihr Kind einen Online-Kontakt treffen wollen, fordern Sie es auf, zuvor einmal mit diesem zu telefonieren – optimal wäre Videotelefonie –, und begleiten Sie es zum Treffpunkt.

Ein mir bekannter Polizist empfiehlt den Eltern eine regelmäßige Kontrolle der Onlineaktivitäten ihrer Kinder. Im analogen Leben würde man seinen Kindern den Kontakt zu zwielichtigen Gestalten und Straftäter*innen ja ebenfalls untersagen. Dabei ist die Frage, ob der Kontakt seine wahre oder eine vorgetäuschte Identität angibt, offline leichter prüfbar. Da jedoch eine Kontrolle – in Form von Lesen der Gesprächsprotokolle, Überprüfen der Kontaktlisten und Ähnliches – einen Eingriff in die Privatsphäre des Kindes bedeutet, empfehle ich, diese nur in Absprache und im Beisein Ihres Kindes durchzuführen. Als Eltern sind Sie hier schnell in der Zwickmühle zwischen Privatsphäre und Grenzüberschreitung.

Ich empfehle grundlegend, erst einmal den Zugriff auf Geräte einzuschränken und die Konsequenzen bei Missachtung der Vorgabe zu erläutern. Beispielsweise benötigt kein Kind über Nacht Zugriff auf das Smartphone oder einen Computer. Sollte ein Kind gegen diese Regelung verstoßen und nach der vereinbarten Zeit heimlich ins Internet gehen, halte ich es für ratsam, erneut ein Gespräch zu führen: Es kann viele Gründe für die Regelübertretung geben – das Kind muss die Möglichkeit haben, sich zu erklären. Im Fokus steht ja immer erst einmal das Miteinander (siehe 2.3 Hilfen für Eltern ⇒ Seiten 45 ff.). Erst im letzten Schritt sollten Eltern das Recht wahrnehmen, das Gerät zu kontrollieren und die Aktivitäten des Kindes im Detail anzuschauen. Zudem empfehle ich, sehr aufmerksam auf die Gefühlslage Ihres Kindes zu achten. Sollte es grundlos aggressiv sein, in Tränen ausbrechen oder Angst entwickeln, ist dies ebenfalls ein Zeichen für Sie, dass Sie das Gespräch mit Ihrem Kind suchen müssen. Versuchen Sie, wenn sich Ihr Verdacht verstärkt, Konsens herzustellen, dass Sie die sozialen Kontakte Ihres Kindes prüfen können.

Haben bereits Kontakte zu Straftäter*innen stattgefunden oder wurden sogar Fotos getauscht: Seien Sie sich bewusst, dass derart intime Details Ihrem Kind äußerst unangenehm sein werden. Sie, als Eltern, werden jedoch verständlicherweise emotional reagieren, was dazu führen kann, dass sich Ihr Kind weiter von Ihnen distanziert. Denken Sie daran, dass

Straftäter*innen mit psychologischem Druck arbeiten und die Kinder somit zu unüberlegten Stressreaktionen drängen. Diesem kann nur durch Geborgenheit und Vertrauen im familiären Rahmen entgegengewirkt werden. Nutzen Sie in jedem Fall zuerst einmal den rechtlichen Rahmen:

- Schreiben Sie den Betreiber der Webseite/des Dienstes an und informieren Sie ihn über den Sachverhalt. Ansprechpartner*innen sind meist im Impressum auffindbar. Bei deutschen Anbietern ist meist ein Jugendschutzbeauftragter benannt. Erwähnen Sie Ihre Vormundschaft und fordern Sie den Anbieter auf, den Zugriff auf die strafrechtlich relevanten Daten im Profil Ihres Kindes und des Straftäters zu blockieren. Diese Daten sollen der Polizei zur Verfügung gestellt werden.
- Erstellen Sie online Strafanzeige. Das BKA listet auf seiner Seite www.bka.de Links zu Onlinewachen aller Bundesländer, bei denen es jeweils möglich ist, online eine Anzeige zu erstatten:

- Speichern Sie auf keinen Fall strafrechtlich relevante Fotos oder Videos auf Ihren Geräten, da Sie sonst selbst eines Vergehens schuldig würden.

Anschließend suchen Sie ein weiteres ruhiges und vertrauensvolles Gespräch mit Ihrem Kind. Informieren Sie es darüber, dass es wahrscheinlichen Kontakt zu einer Straftäter*in hatte und somit wahrscheinlich für eine Aussage bei der Polizei vorgeladen wird. In allen mir bekannten Fällen ließ diese Vorladung nicht lange auf sich warten und wurde in persönlichem Rahmen abgehalten. Ihr Kind wird dann gegebenenfalls von der Polizei mit den geteilten Bildern konfrontiert, was durchaus hart sein kann.

Sie sehen: Anstatt zu strafen sollten Sie in einem solchen Fall eine Stütze für Ihr Kind sein. Bleiben Sie sensibel, hellhörig und interessiert, auch wenn dies auf Widerwillen Ihres Kindes stößt. Vergeben Sie Fehltritte und lernen Sie gemeinsam mit Ihrem Nachwuchs durch offene Gespräche und gegenseitiges Vertrauen.

Hinweis: Das Kapitel 4 „Vom Schaf zur Schäferin" (⇨ Seiten 81 ff.) ist als Leitfaden für Jugendliche und Erziehende geschrieben, um sich vor derartigen Situationen zu schützen. Dieses Kapitel können Sie gemeinsam mit Ihrem Kind durcharbeiten.

Gamification

Gamification – ein Begriff, den ich durch den Vortrag „Let's Play Infokrieg" von Arne Vogelgesang bei der 36C3-Konferenz kennengelernt habe (36C3 steht für 36. Chaos Communication Congress, der 2019 in Leipzig stattfand, ausgerichtet vom Chaos Computer Club). Dem Vortrag ist zugegebenermaßen zu Beginn schwer zu folgen. Jedoch ist er insgesamt sehr sehenswert, wird doch der versteckte Einfluss von Spielmechanismen auf unser Leben gut verdeutlicht. Ein schönes Beispiel für Gamification ist daraus vielleicht die Kampagne „He will not devide us" ab Min. 28:44.

 Vogelgesang, Arne (2019): Let's Play Infokrieg (Dauer 46:09 Min.)

Unter Gamification versteht man das Anwenden von Elementen aus (Computer-)Spielen – wie Highscores, Erfahrungspunkte, Fortschrittsbalken, Ranglisten und Ähnliches – auf einen spielfremden Kontext. Das klingt erst einmal nicht schlimm und auch sehr theoretisch. In der Praxis bedeutet das, dass dadurch eine motivationssteigernde Wirkung erzielt wird, welche gleichzeitig die Hemmungen reduziert.

Durch Erstellen von Challenges, das heißt motivierenden Aufgaben mit der Möglichkeit, Erfahrungspunkte oder virtuelle Güter zu erhalten, können sich auch kriminelle Ideologien und Netzwerke sehr schnell unter Jugendlichen verbreiten. Jedoch nicht nur Jugendlichen fällt es schwer, zwischen Spaß, Satire und Ernst bzw. Beeinflussung eigener Werte und Grundsätze zu unterscheiden (Bergt 2021).

Wann und wie müssen Eltern eingreifen?

Zeigen Sie Interesse daran, welche Spiele Ihre Kinder bevorzugen, bzw. versuchen Sie in Gesprächen mit Ihren Kindern, diese Vorlieben herauszuhören. Das bietet Ihnen die Gelegenheit, fragwürdige Inhalte, die – als Spaß getarnt – rassistische oder kriminelle Gedanken verbreiten, mit Ihren Kindern zu hinterfragen und zu diskutieren.

Werden im Freundeskreis gerade sogenannte Challenges durchgeführt? Hinterfragen Sie sie gemeinsam, prüfen Sie, ob sie harmlos sind. Auch satirisch gemeinte Memes und Sprüche, die zur Radikalisierung oder zur Abstumpfung gegenüber strafrechtlich relevanten Themen führen, sollten kritisch diskutiert werden. Beispiele dafür sind auch gemeinsames Mobbing, Hetze und die Verharmlosung von Rauschmitteln. Ein sehr hässliches Beispiel für Gamification ist die Blue Whale Challenge, in deren Folge sich bereits zahlreiche Jugendliche (auch in Deutschland) suizidiert haben (Welling 2017).

In-Game-Käufe

Gute Computerspiele sind „klebrig". Das trifft vor allem auf PvP-Spiele (Spieler*in versus Spieler*in) zu. Die Hersteller*innen binden die Spieler*innen, indem sie versuchen, eine maximale positive Spielerfahrung zu liefern und diese so lange wie möglich zu halten. Der Trend geht daher dahin, dass Spiele nicht mehr durchgespielt werden – also kein klassisches Ende haben –, sondern aus permanenten kurzen Runden bestehen, wobei der Spielinhalt in einem Wettkampf der Spieler*innen untereinander besteht. Durch die Interaktion mit anderen Spieler*innen werden sie auch sozial an das Spiel „geklebt". Das heißt: Viele moderne Computerspiele kosten vor allem eines: Zeit.

Da muss man schon genau hinsehen, um das Geschäftsmodell sogenannter Free-to-play-Spiele zu erkennen. Es liegt auf der Hand, dass auch mit augenscheinlich kostenlosen Spielen Geld verdient werden muss: Kein Computerspiel – schon gar nicht ein aufwendig gestaltetes – ist in Entwicklung, Wartung und Bereitstellung für die Hersteller*innen kostenlos. Im Gegenteil, die Kosten gehen in die Millionen. Wer zahlt diese? Und warum sind diese Spiele dann gratis?

Kostenfreie Spiele sind für Nutzer*innen attraktiv, weil man schnell und einfach seine Freund*innen dazu bringen kann, gemeinsam diese Spiele zu spielen. Der Einstieg in die Spiele und deren Verbreitung ist damit wesentlich leichter als bei Spielen, die auf den einmaligen Verkauf angewiesen sind.

Wie generieren dann Free-to-play-Spiele Einnahmen? Durch In-Game-Verkäufe digitaler Güter! Dabei werden die Spieler*innen motiviert, zum

Beispiel für das Aussehen des Avatars im Spiel Geld auszugeben. Für einen sogenannten Skin wird nicht selten mehr Geld verlangt, als man für so manch anderes Spiel komplett bezahlt. Vielen ist nicht klar, dass digitale „Güter" nicht in ihr Eigentum übergehen. Den erworbenen Skin in einem Spiel kann ich weder herunterladen noch abspeichern, noch weiterverkaufen. Beschließt die Hersteller*in, das Spiel einzustellen, sind alle erworbenen digitalen „Güter" ohne Rechtsanspruch verloren. Besonders fragwürdig sind sogenannte Lootboxen, Überraschungskisten, in denen sich begehrte digitale „Güter" verbergen können – aber nicht müssen. Dies ist dann fragwürdig, wenn solche digitalen „Güter" durch echtes Geld erworben werden. Das kann ich aus eigener Erfahrung bestätigen:

Mein Sohn wurde durch den Hersteller durch angebliches Hacking gebannt, d. h. vom Spiel ausgeschlossen. Auch mehrfache Nachfragen beim Kundendienst des Spiels ergaben weder den genauen Grund für diesen Bann, noch eine Lösung, ihn aufzuheben. Das in dieses Spiel investierte Geld war damit weg. Besonders dreist: Sogar die Kosten eines Abos liefen weiter.

Die Basis, auf der ein Spiel entscheidet, dass Hacking vorliegt, gehört zum Betriebsgeheimnis des Unternehmens. Diese Entscheidung kann daher von der auf dem Gerät installierten Software über statistisch auffälliges Verhalten bis hin zur Qualität der Internetverbindung alles sein. Ohne dies nun juristisch zu bewerten: Dieses Beispiel zeigt deutlich die fehlenden Besitzansprüche an digitalen Waren, die für Onlinegames erworben werden können. Ein Ausschluss vom Spieleserver bedeutet meist auch den Verlust oder die Sperrung der Verwendung der erworbenen Güter.

Verfügbare In-Game-Käufe werden permanent geändert und durch Seltenheitswert – also künstliche Knappheit – zusätzlich attraktiver gestaltet. Somit können „klebrige" Spiele ohne echtes Ende mit permanent wechselnden Aufgaben und Kaufanreizen zu einem Suchtverhalten führen, das mit Spielsucht vergleichbar ist. Altersbeschränkungen für diese Spiele sind weder ausreichend, noch werden sie ausreichend kontrolliert. Sozialer Zwang kann dazu führen, dass Eltern erwägen, Altersbeschränkungen zu ignorieren, um ihre Kinder an den Interessen ihrer Freund*innen teilhaben zu lassen. Nicht selten sind bereits Kinder im Alter von sechs Jahren oder sogar jünger in solchen Spielen zu finden und lernen früh, ihr Taschengeld in virtuelle „Güter" zu investieren.

Der Umgang mit Geld gehört zum Lernprozess aller Jugendlichen. Jedoch ist es sehr schmerzhaft zu sehen, wenn das gesamte Taschengeld sowie Geldgeschenke ausschließlich in digitale „Güter" eines Computerspiels investiert werden. Die Grenze zur Spielsucht, bei der man sich für Spiele verschuldet oder sogar anfängt zu stehlen, ist dünn. Sprechen Sie daher regelmäßig mit Ihren Kindern über die Sinnhaftigkeit der gewünschten digitalen Güter.

Da Kinder noch nicht geschäftsfähig sind, sind Sie, die Eltern, als Vormund für Einkäufe verantwortlich. Um dieser Verantwortung gerecht werden zu können, sollten Zahlungsinformationen auf keinem Gerät gespeichert sein, auf das Ihr Kind zugreifen kann: Ihr Kind sollte nicht in der Lage sein, Käufe selbstständig auszulösen.

Ich habe die Erfahrung gemacht, dass es oftmals schon hilft, eine Ausgabe nicht sofort tätigen zu dürfen, sondern erst nach zehn Tagen. Ein neuer Skin hat bis dahin oft schon an Reiz verloren und das Kind bemerkt von allein, dass diese Ausgabe unnötig gewesen wäre. Zudem empfehle ich, eine Grenze zu setzen – zum Beispiel maximal 50 Prozent des Taschengeldes in ein Spiel zu investieren.

Influencer*innen

Wie der Name schon sagt: Influencer*innen sind „Beeinflusser", Personen, die durch ihre Art viele Menschen dazu bringen, sich in ihrer Meinung oder Wertvorstellung beeinflussen zu lassen und ihnen zu folgen. Unternehmen bezahlen Influencer*innen dafür, dass diese Werbung für ihre Produkte machen. Dabei ist die Werbung nicht immer als solche gekennzeichnet. Geben Influencer*innen auf YouTube vermeintlich Geld für ein Produkt aus, so ist nicht unbedingt transparent, dass sie dafür eben nichts bezahlen, sondern vom Hersteller für die Präsentation honoriert werden. Für Unternehmen ist diese Art der Werbung äußerst interessant: Berühmte Computerspieler*innen zum Beispiel, die sogenannte Let's-play-Videos veröffentlichen, haben teilweise eine größere Reichweite als aktuelle Hollywood-Blockbuster.

Das Problem dabei ist, dass damit direkt Einfluss auf die Wertvorstellungen und Bedürfnisse einer Zielgruppe ausgeübt wird, die vom Gesetzgeber als geschäftsunfähig oder beschränkt geschäftsfähig bestimmt ist. Zwar legt der Jugendmedienschutz-Staatsvertrag fest, dass direkte Kaufapelle an Kinder zu unterlassen sind – die Auslegung jedoch ist stark dehnbar. Produktplatzierungen in Videos müssen klar gekennzeichnet sein. Dennoch sind die Grenzen zwischen Meinung und Werbung oft verschwommen und nicht klar erkennbar (Kahl 2015).

Wann und wie müssen Eltern eingreifen?

Influencer*innen sind nicht schlecht und haben nicht per se einen negativen Einfluss. Jedoch gibt es ein paar Anzeichen von Manipulation, die Sie erkennen und hinterfragen sollten. Ohne Anspruch auf Vollständigkeit:

• Ihre Kinder möchten plötzlich überteuerte Produkte kaufen.
• Ihre Kinder ändern ihre Wertvorstellungen radikal und negativ.

2.3 Hilfen für Eltern

In die digitalisierte Welt ihrer Kinder einzutauchen fällt den meisten Eltern schwer. In dieser Welt ein geeignetes Maß an Erziehung und Jugendschutz durchzusetzen umso mehr. Eltern können hier jedoch auch ohne technische Kenntnisse viel bewirken.

2.3.1 Regeln und Konsequenzen

Schritt 1: Regeln definieren

Spielzeiten begrenzen: Google bietet dafür z. B. die speziell für sein Betriebssystem Android zugeschnittene App Family Link. Weitere Apps finden sich in den jeweiligen Appstores. Da derartige Apps einen tiefen Eingriff in die Rechte des Gerätes benötigen, sollten Sie die Wirksamkeit für das Gerät ausgiebig testen. Ich empfehle auch, den Zugriff auf Geräte während der Nachtruhe komplett zu untersagen. Richten Sie beispielsweise einen Ort ein, an welchem die Geräte (Laptop, Smartphone, mobile Spielkonsolen etc.) am Abend abgelegt und eventuell sogar abgeschlossen werden müssen. Denken Sie jedoch bei Beschränkungen daran, altersgerecht zu handeln. Zeitliche Begrenzung macht im Alter 16+ keinen Sinn mehr – als Eltern mit gutem Beispiel voranzugehen und auch das eigene Smartphone zur Nachtzeit wegzupacken (oder beim gemeinsamen Essen, bei gemeinsamen Unternehmungen …) jedoch sehr wohl! Oder planen Sie mit Ihrem Kind kurzfristige Auszeiten (Digital Detox, ⇨ Seiten 82 f.).

Onlinekäufe regulieren: Richten Sie niemals Zahlungsinformationen auf Geräten ein, die Ihr Kind (mit-)benutzt. Müssen Sie das doch einmal tun, löschen Sie diese anschließend wieder oder ändern Sie das Passwort. Ihr Kind sollte nicht in der Lage sein, eigenständig Einkäufe zu tätigen.

Installierte Software regulieren: Vereinbaren Sie mit Ihrem Kind, dass es nur Computerspiele spielen darf, die Sie vorab genehmigt haben.

Onlinedienste regulieren: Die Versuchung ist groß, auf illegalen Streamingplattformen die neusten Kinofilme zu schauen oder über Filesharing-Plattformen Software zu tauschen. Dabei können jedoch schnell Viren auf dem Gerät landen, welche im Zweifelsfall Ihr gesamtes Netzwerk befallen. Sprechen Sie mit Ihrem Kind über diese Gefahren und lassen Sie sich regelmäßig Webseiten zeigen, die Ihr Kind besucht. Untersagen Sie den Zugriff auf illegale Angebote und kontrollieren Sie dies regelmäßig, indem Sie Ihrem Kind gelegentlich über die Schulter schauen.

Aufklären: Besprechen Sie (im besten Fall regelmäßig) die Gefahren im Internet. Dieses Buch gibt Ihnen dazu alles, was Sie brauchen. Diskutieren Sie dabei mit Ihrem Kind über dessen Erfahrungen mit diesen Themen. Sprechen Sie vor allem über die sensiblen Themen Anonymität, Bildertausch und Mobbing.

Konsequenzen definieren: Die definierten Regeln müssen verlässlich eingehalten werden. Weil die Kinder natürlich zu Eigenverantwortung erzogen werden sollen, müssen Eltern ihren Kindern immer wieder einen gewissen Vertrauensvorsprung zugestehen. Sprechen Sie mit Ihrem Kind darüber, welche Konsequenzen ein Verstoß gegen die Regeln hat. Beispiele dazu finden Sie unter Schritt 3.

Schritt 2: Verhalten kontrollieren

Die Privatsphäre der Kinder ist die eine Seite. Trotzdem müssen Eltern in der Lage sein, ihre Aufsichtspflicht wahrzunehmen und ihren Kindern als Bezugsperson zu dienen. Wichtige Anzeichen, bei denen Sie auf jeden Fall eingreifen müssen:

- Ihr Kind zeigt Suchtverhalten, das heißt: Es vernachlässigt zugunsten von Computerspielen, Video-Konsum, Social-Media-Aktivitäten usw. wichtige Dinge wie Hobbys, Freund*innen, regelmäßige Mahlzeiten, Schlaf, Hausaufgaben und Dinge, die ihm eigentlich Spaß machen.
- Ihr Kind hält sich nicht an Absprachen und verwendet das Smartphone außerhalb der vereinbarten Zeiten.
- Ihr Kind versucht heimlich, von Ihnen nicht regulierte Handys oder Computer im Haushalt zu verwenden.
- Ihr Kind zeigt depressive Verhaltensmuster – ist häufig anscheinend unbegründet aggressiv und traurig.

- Ihr Kind bricht in den schulischen Leistungen ein, ist vermehrt müde und zeigt Schlafstörungen.
- Ihr Kind führt zunehmend laute und aggressive Gespräche während Onlinespielen.

In diesen Situationen achten Sie unbedingt vermehrt auf die Onlineaktivitäten Ihres Kindes. Installieren Sie zudem – sofern möglich – einen Virenscanner auf den Geräten Ihres Kindes und führen Sie regelmäßig gemeinsam mit Ihrem Kind einen Virenscan durch. Sollte ein Virus oder Malware gefunden werden, ist das eine gute Gelegenheit, die Onlineaktivitäten zu besprechen und ggf. Verhaltensänderungen zu vereinbaren.

Schritt 3: Konsequenzen

Regelbrüche sind durchaus wahrscheinlich und zeigen die ganz menschliche Schwäche, den „digitalen Reizen" nachzugeben.

- Hat Ihr Kind ein ungeschütztes Gerät aus der Familie – also nicht das eigene – verwendet, so besprechen Sie mit ihm, dass Sie als Administrator*in dieses Geräts die Aktivitäten des Kindes ohne dessen Einverständnis und Beisein kontrollieren dürfen.
- Verwendet Ihr Kind sein eigenes Gerät außerhalb der definierten Zeiten, legen Sie ein geeignetes Maß für eine Offlinezeit fest. Im besten Fall nimmt Ihr Kind die Zeit des Digital Detox als wertvoll wahr und bemerkt sein Suchtverhalten.
- Bei emotionalen Auffälligkeiten kontrollieren Sie mit Ihrem Kind gemeinsam die verwendeten Geräte. Lassen Sie sich zu allen Kontakten sagen, ob diese persönlich bekannt sind und woher der Kontakt stammt. Bei zweifelhaften Kontakten lassen Sie sich vom Kind die Unterhaltungen und geteilte Bilder zeigen. Löschen oder blockieren Sie gemeinsam mit Ihrem Kind diejenigen Kontakte, die für psychische Belastung und Stress sorgen.
- Bei derartigen Kontrollen können Sie auch auf Probleme aus dem Freundeskreis Ihres Kindes stoßen, die zu einer Belastung Ihres Kindes führen. Beispiele sind Depressionen, aber auch selbstverletzendes Verhalten und Suizidankündigungen. Eine Blockade dieser Freund*innen ist natürlich nicht hilfreich. Wägen Sie in solchen Fällen ab, ob Sie mit den Eltern der jeweiligen Freund*in Kontakt aufnehmen und welche Hilfestellung Sie Ihrem Kind geben können. Suchen Sie gemeinsam mit Ihrem Kind

nach Ansprechpartner*innen und Expert*innen. Somit geben Sie Ihrem Kind die Möglichkeit, sich von dem Problem der Freund*in abzugrenzen, ohne jedoch Hilfe zu verwehren. Zudem verliert Ihr Kind durch Ihr Verständnis das Gefühl von Hilflosigkeit.

- Stoßen Sie auf einen Straftatbestand, sprechen Sie mit Ihrem Kind und erstatten Sie Anzeige. Falls nötig, ziehen Sie das betreffende Handy ein, um die darauf befindlichen Beweismittel zu sichern. Leiten Sie die Inhalte nicht weiter, auch nicht auf Ihr eigenes Gerät. Kontaktieren Sie den Betreiber des verwendeten Dienstes, um auch dort Beweismittel zu sichern. Details dazu habe ich bereits unter „Anonymität & Pädophilie" beschrieben (⇨ Seiten 38 ff.).

2.3.2 Gesprächsführung

Ihr Kind hat sich nicht an die definierten Regeln gehalten und wurde von Ihnen ertappt! Wie steigen Sie in das erforderliche Gespräch ein? Sie können nun natürlich Ihrem Kind auflisten, was es alles falsch gemacht hat. Wird das funktionieren? Mit Sicherheit nicht: Sie bringen Ihr Kind in eine Verteidigungsstellung. Im besten Fall erreichen Sie, dass Ihr Kind aus Angst vor Strafe zukünftig versucht, sich nicht mehr erwischen zu lassen. Überlegen Sie sich zuerst, ob das Thema einen Konflikt wert ist. Banale Konflikte ermüden nicht nur Sie, sondern führen auch dazu, dass Sie später nicht ernst genommen werden.

Bevor Sie in ein solches Gespräch gehen, beruhigen Sie Ihre Gedanken: Achten Sie auf Ihre Gedanken, indem Sie sich ein Gespräch mit Ihrem Kind unter folgenden Gesichtspunkten vorstellen:

- Was mag ich an dir?
- Ich bin ok, du bist ok.
- Was wünsche ich dir?

Versetzen Sie sich in Ihr Kind. Es weiß bereits, dass es einen Fehler gemacht hat. Dieser ist ihm wahrscheinlich peinlich. Es rechnet bereits mit harten Worten und Strafe. Nutzen Sie die Chance, um das Vertrauensverhältnis zu Ihrem Kind zu stärken. Je größer das Vertrauen ist, desto eher wird Ihr Kind auch bei schwerwiegenderen Problemen auf Sie zugehen.

- Benennen Sie den Regelverstoß eindeutig, zeigen Sie die Gefahren durch den Regelverstoß auf. Achten Sie dabei darauf, dass Ihre Sprache nicht verletzt.
- Versuchen Sie zu erreichen, dass Ihr Kind die Regeln versteht und Ihre Ziele teilt.
- Verknüpfen Sie die für einen Regelverstoß vorgesehene Strafe mit einem positiven Impuls („Jetzt ist erst einmal eine Woche dein Handy weg. Ich glaube, dann bekommst du auch wieder ein wenig deinen Kopf frei und hast mehr Zeit für deine Hobbys. Ich verstehe, dass du gerne spielst, aber du vernachlässigst dadurch ganz viel, was dich eigentlich immer glücklich gemacht hat.").
- Geben Sie Ihrem Kind einen Vertrauensvorschuss: Stellen Sie weitere Chancen in Aussicht. Soweit möglich, seien Sie kompromissbereit.

2.3.3 Technische Grundkenntnisse

Onlineaktivitäten nachvollziehen

Checken Sie – zusammen mit Ihrem Kind – den Verlauf des Browsers. Dieser wird auch als Historie oder Chronik bezeichnet. Der Verlauf ist sowohl im Smartphone als auch am PC über das Menü des Browsers zu erreichen.

 Menü-Schaltfläche in Firefox

 Menü-Schaltfläche in Chrome

 Menü-Schaltfläche in Edge

In diesem Browsermenü finden Sie auch einen Eintrag, um die zuletzt geschlossenen Tabs wiederherzustellen. Überprüfen Sie auch die geöffneten Tabs im Browser.

Wenn Sie verdächtige Community-Seiten finden, fragen Sie Ihr Kind nach den Log-in-Daten. Diese könnten auch gespeichert sein – versuchen Sie, ob beim Klicken in das Log-in-Feld ein Vorschlag der Autovervollständigung erscheint. Prüfen Sie dort unbekannte „Bekannte" und Gruppenchats. Achten Sie auf geteilte Bilder, radikale Statements, Codeworte oder Verabredungen für Rauschmittel, auffällig alte Kontakte oder auffällige Nutzernamen.

Jugendschutz im Router konfigurieren

Keine Sorge, das geht ganz einfach. Und Sie werden sehen, dass es große Vorteile bietet, wenn Sie sich über einen zentralen Jugendschutzfilter Gedanken machen.

Der Router ist das Gerät, mit dem Sie die Geräte in Ihrem Heimnetzwerk mit dem Internet verbinden. In vielen modernen Geräten der etwas teureren Art sind Funktionen eingebaut, um für einzelne Geräte bestimmte Inhalte zu filtern und deren Online-Zeit zu begrenzen. Der Funktionsumfang solcher Filter und auch deren Konfiguration ist stark vom Router abhängig. Sie kommen also nicht umhin, das zugehörige Handbuch[4] zu lesen . Das grundsätzliche Vorgehen ist aber immer gleich:

Sie wählen sich mit dem Browser eines Computers auf der Konfigurationsseite des Routers ein. Nach der Eingabe des Passworts sind Sie in der Schaltzentrale Ihres Netzwerks – Details zur Konfiguration von Routern finden Sie im Workshopangebot 1 (⇨ Seite 139). Hier finden Sie in der Regel eine Liste aller derzeit verbundenen Geräte – also Smartphones, Fernseher, Computer, Tablets und so weiter.

Bei allen Routern, egal welchen Typs, werden Sie auf dasselbe Problem stoßen: Wie identifizieren Sie die verbundenen Geräte? Nicht alle Geräte werden mit einem verständlichen Namen angezeigt. Manche Geräte tauchen in der Liste unter dem Herstellernamen oder Gerätemodell auf, andere mit kryptischen Bezeichnungen und manche vielleicht sogar doppelt. Woran erkennt man also, welches Gerät das Smartphone des Kindes ist? Hier hilft die sogenannte MAC-Adresse, manchmal auch Physische Adresse genannt. Dies ist eine eindeutige Kennung, die jedes Gerät zum Router sendet, um sich zu identifizieren. Eine MAC-Adresse sieht in etwa so aus:

E8-D8-D1-74-DA-B0   oder auch so: E8:D8:D1:74:DA:B0

Jeder Eintrag der Geräteliste in Ihrem Router sollte eine MAC-Adresse haben. Diese Adresse finden Sie auch in den Geräten selbst. Bei den meisten Geräten muss man dazu etwas suchen. Die gängigsten Fundstellen für MAC-Adressen:
bei Smarthome-Geräten oder Ähnlichem auf dem Etikett des Geräts
bei Druckern in den Netzwerkeinstellungen

bei Smartphones und Computern muss man sich durch Menüs suchen:
- **Windows-PC**
In der Windows-Taskleiste gibt es rechts unten ein Symbol für den Internetzugriff. Dies ist abhängig vom Verbindungstyp ein WLAN-Symbol oder ein Symbol ähnlich einem Monitor. Über die rechte Maustaste navigiert man zu „Netzwerk- und Interneteinstellungen öffnen". Hier klicken Sie auf „Netzwerkeigenschaften anzeigen" und sehen eine Liste aller Netzwerkkarten des PCs mit zugehörigen MAC-Adressen. Windows bezeichnet diese als „Physische Adresse (MAC)".

←   Einstellungen

⌂   Hardware- und Verbindungseigenschaften anzeigen

Eigenschaften

Name:	Ethernet
Beschreibung:	Intel(R) Ethernet Connection (7) I219-LM
Physische Adresse (MAC):	9c:7b:ef:27:d5:42
Status:	Nicht betriebsbereit
Maximale Übertragungseinheit:	1500
IPv4-Adresse:	169.254.157.165/16
IPv6-Adresse:	fe80::8cc9:bff2:9af1:9da5%9/64
DNS-Server:	8.8.8.8
Verbindung (IPv4/IPv6):	Getrennt

Name:	LAN-Verbindung* 1
Beschreibung:	Microsoft Wi-Fi Direct Virtual Adapter #3
Physische Adresse (MAC):	84:1b:77:06:64:96
Status:	Nicht betriebsbereit
Maximale Übertragungseinheit:	1500
IPv4-Adresse:	169.254.221.59/16
IPv6-Adresse:	fe80::8401:396c:7901:dd3b%5/64
DNS-Server:	fec0:0:0:ffff::1%1, fec0:0:0:ffff::2%1, fec0:0:0:ffff::3%1
Verbindung (IPv4/IPv6):	Getrennt

Medienbezogene Bildung

Sie werden vermutlich viele Netzwerke finden – jeder Block fängt mit „Name" an. Suchen Sie den Block, in dem bei „Verbindung (IPv4/IPv6)" der Vermerk „verbunden" steht. In diesem Block finden Sie die benötigte MAC-Adresse.

Name:	WLAN
Beschreibung:	Intel(R) Wi-Fi 6 AX200 160MHz
Physische Adresse (MAC):	84:1b:77:06:64:95
Status:	Betriebsbereit
Maximale Übertragungseinheit:	1500
Verbindungsgeschwindigkeit (Empfang/Übertragung):	86/72 (Mbps)
DHCP aktiviert:	Ja
DHCP-Server:	192.168.101.33
Abgerufene DHCP-Lease:	Dienstag, 10. August 2021 17:44:50
Abgelaufene DHCP-Lease:	Mittwoch, 11. August 2021 13:44:50
IPv4-Adresse:	192.168.101.56/27
IPv6-Adresse:	fe80::6d80:c7b2:8e1f:3bd8%17/64
Standardgateway:	192.168.101.33
DNS-Server:	8.8.8.8
DNS-Domänenname:	
DNS-Verbindungssuffix:	
DNS-Suffixsuchliste:	
Netzwerkname:	MLV-Dev
Netzwerkkategorie:	Öffentlich
Verbindung (IPv4/IPv6):	Verbunden mit Internet / Verbunden mit unbekanntes Netzwerk

- **Android**
  Bei Android-Smartphones versteckt sich die MAC-Adresse unter „Einstellungen" ⇨ „Netzwerk und Internet" ⇨ „WLAN" ⇨ „WLAN-Einstellungen". Android-Versionen können sich in den Einstellungen stark unterscheiden. Finden Sie in Ihrer Android-Version die MAC-Adresse nicht, suchen Sie eine Suchanleitung mit Google.
- **Apple iOS**
  Öffnen Sie die Einstellungen auf Ihrem iPhone oder iPad. Die MAC-Adresse des Gerätes finden Sie unter: „Allgemein" ⇨ „Info" ⇨ „WLAN-Adresse".

Haben Sie die richtige MAC-Adresse in der Liste der verbundenen Geräte gefunden, können Sie diesem Gerät einen verständlichen Namen geben. Dies ist in jedem Fall ratsam – auch bei offensichtlich im Router identifizierbaren Geräten. Nun können Sie mit den Einstellungen zum Jugendschutz je nach Handbuch des Routers fortfahren.

Bietet der vom Netzanbieter bereitgestellte Router diese Funktionen nicht, können Sie sich einen zusätzlichen Router anschaffen. Ihr Internetanbieter ist seit 2016 dazu verpflichtet, Ihnen die Konfigurationsdaten auch für einen eigenen Router bereitzustellen.

3 Der ethische Blickwinkel

3.1 Ist mein Handy eine Waffe?

Warum diese provokante Frage? Machen uns die von uns preisgegebenen Daten wirklich verletzlich? Können sie gar unser Leben bedrohen?
In Schulklassen gewinne ich – ausnahmslos! – die Aufmerksamkeit mit einem Science-Fiction-Video:

 3sat: Künstliche Intelligenz: Kampfdrohnen ohne Piloten ... (Dauer 3:40 Min.)

In diesem Clip werden Drohnen angepriesen, die auf Grundlage von Gesichtserkennung und Social-Media-Daten Personen direkt angreifen können (slaughterbots). Ab Minute 02:07 wird gezeigt, wie Daten – Geschlecht, Alter, Kleidung, Körperbau und ethnische Herkunft – verwendet werden, um einzelne Menschen als Ziel für einen Angriff zu wählen. Dieses Science-Fiction-Video ist sogar von der UN in einer Beratung über den Umgang mit autonomen Waffensystemen diskutiert worden. Auch wenn das Video auf Fiktion basiert, die aufgezeigten Möglichkeiten sind Stand der Technik (Scherfig 2017)!

Ich wähle diesen nur scheinbar überspitzten Einstieg mit der Absicht, noch einmal die Sensibilität von Daten hervorzuheben: Wir haben keinen Einfluss auf deren Interpretation und Nutzung! In der Tat ist das möglich: Smartphones als Zieleinrichtung für Drohnen – das heißt, die Verwendung des Smartphones als Teil eines Waffensystems. Allein der Besitz bzw. das Mitführen eines Smartphones mit eingelegter SIM-Karte ist hierbei genug. Die Entscheidung über einen Abschuss erfolgt nicht notwendigerweise auf Basis von geheimdienstlichen Informationen, sondern über die Aktivität einer SIM-Karte: Geschossen wird nicht auf Menschen, sondern auf ihre Telefone, in der Hoffnung, dass die Person am Telefon „der Böse" ist (Peters 2014).

Nun aber wieder zurück in die Welt der Schüler*innen:
Was verstehen wir unter dem Begriff Waffe? und
Ist mein Handy eine Waffe?

Ein Gerät oder Werkzeug wird zur Waffe, wenn es anderen oder mir selbst Schaden zufügt.
Das Smartphone steht hier für eine Vielzahl unterschiedlicher moderner Geräte, für die die Beschreibung „Waffe" zumindest im Bereich des Möglichen liegt, beispielsweise Fitnesstracker, Smartwatch, Desktop-PC, Geräte zur Sprachsteuerung, Smarthome-Geräte. Sehen wir diese Geräte nun als Waffen an, dann zielen die Gefahren in verschiedene Richtungen:

- Manche Gefahren zielen vom Gerät auf mich selbst.
- Manche Gefahren zielen von meinem Gerät auf andere.
- Manche Gefahren zielen von außen auf mein Gerät.

Alles mit dem Handy? Nichts leichter als das! Diskutieren wir kurz einzelne Gefahren, die uns beim Umgang mit digitaler Technik einfallen. Im Kapitel „Vom Schaf zur Schäferin – Hilfe zur Selbsthilfe" gehen wir dann darauf ein, wie wir uns vor diesen Gefahren schützen können.

Mobbing

Ein schlechter Witz sagt: „Neun von zehn Kindern finden Mobbing gut." Was witzig gemeint ist, hat leider brutale Auswirkungen, denn tatsächlich: Experimente zeigen, dass jeder und jede, teilweise völlig beliebig, Opfer von Mobbing werden kann.

Wie kann das Handy dabei zur Waffe werden?

In der analogen Welt sind private Gespräche von Natur aus privat. Man kann das Besprochene zwar weitersagen, Reichweite und Wirkung einer derartigen Weitergabe intimer Geheimnisse sind aber kaum mit jenen vergleichbar, die aus der Verwendung technischer Möglichkeiten resultieren. Jedes Gespräch, Foto, Video, jeder Text und jede Sprachnachricht kann unbegrenzt kopiert, weitergegeben und veröffentlicht werden und ist mitunter nach Jahrzehnten noch im Internet verfügbar. Zudem können Personen auf Fotos mit Kommentaren oder durch Bildbearbeitung verhöhnt werden. Solche Bilder verteilen sich als Memes mitunter rasant und führen zu sozialer Ausgrenzung beim Opfer.

Trolling

Wer kennt das nicht? Man fragt in einem öffentlichen Forum nach ernstgemeinter Hilfe, teilt ein privates Foto oder erstellt einen öffentlichen Status in einer Community. Als Reaktion darauf bekommt man Kommentare, die sich über Belanglosigkeiten aufregen oder belustigen. Jegliche Diskussion schlägt fehl. Dieses Phänomen nennt man Trolling. Als einen Troll bezeichnet man im Internet eine Person, die Kommentare mit dem ausschließlichen Ziel postet, eine emotionale Reaktion – also Wut, Zorn oder Verunsicherung – der anderen hervorzurufen.

Haben Sie schon einmal gegen Trolle gekämpft? Von einer ernstgemeinten Diskussion mit einem Troll kann nur dringend abgeraten werden, der Versuch geht in den meisten Fällen schlecht für uns aus: Die Diskussion mit einem Troll lenkt im Allgemeinen immer vom Thema der ursprünglichen Diskussion ab. Zudem kann ein Troll niemals von einem Standpunkt überzeugt werden, weil er sich einen Spaß daraus macht, eine Diskussion zu sprengen, wobei ihn das ursprüngliche Thema überhaupt nicht interessiert. Besonders bitter ist, dass man deswegen auch Freund*innen nicht schützend beistehen kann.

Eine noch schlimmere Form von Trolling ist die sogenannte Hatespeech – die Hassrede. Dabei werden – meist anonym – die Grenzen des Anstands durch das Herabsetzen und Verunglimpfen anderer Personen gesprengt. Wo bei Trolling noch der Spaß des Trolls im Vordergrund steht, ist die Hassrede schon destruktiv und gegebenenfalls strafrechtlich relevant. Sie kann auch das Verbreiten von Hassbotschaften bis hin zu Morddrohungen enthalten.

In diesem Zusammenhang ist auch der Shitstorm zu erwähnen. Unter einem Shitstorm versteht man im Allgemeinen eine große Anzahl negativer Kommentare. Diese können tatsächliche öffentliche Empörung ausdrücken – also von real existierenden Menschen gepostet sein. Möglich ist jedoch auch, dass es sich um einen gezielten Angriff durch ein Botnetzwerk handelt! Das Aufkommen eines Shitstorms kann konstruktive Kritik bedeuten – ähnlich einer öffentlichen Demonstration. Kommentare können zum Beispiel ernst gemeinte und themenbezogene Kritik als Antwort auf einen Post sein. Kritisch zu sehen ist das, wenn diese Kommentare nicht auf Fakten beruhen, sondern auf fehlerhaften oder manipulierten Informationen.

Trolle und Hassredner*innen können beim Opfer emotionalen Stress verursachen. Durch unbedachtes öffentliches Posten kann ich unverschuldet zum Opfer eines solchen Angriffs werden. Durch Teilen und Kommentieren von Hasskommentaren kann ich zusätzlichen Schaden anrichten.

Fake News

Als Fake News bezeichnen wir auf Erfundenem beruhende Meldungen, die als echte Nachrichten getarnt sind. Dabei gibt es verschiedene Arten:

- Die „Fakten" selbst sind eine Erfindung.
- Die gezeigten Bilder oder Videos gehören nicht zur Meldung.
- Die Quellen für die „Fakten" (Texte, Bilder, Videos) sind manipuliert.

Die Gründe, Fake News zu verbreiten, sind vielfältig, zum Beispiel:

- Werbung als Nachrichten getarnt
- Erhöhung der eigenen Reichweite
- Beeinflussung von Meinung und Gesinnung
- Ablenkung von wahren Begebenheiten
- Spaß – sogenanntes Trolling

Vorsicht: Auch sogenannte Faktenchecker können gefakt sein! Fake News kann entlarven, wer die Frage „Wem nutzt es?" beantwortet und nach alternativen Quellen sucht.

Eine naheliegende Frage: Warum werden nicht alle Fake News gelöscht? Leider ist diese Frage nicht so einfach zu beantworten. Natürlich wäre ein schnellstmögliches Löschen von – sagen wir einmal Lügen – zu befürworten. Daher gibt es immer wieder den Wunsch der Politik, die Betreiber*innen von Portalen wie Facebook & Co. dazu zu verpflichten, veröffentlichte Beiträge zu prüfen und gegebenenfalls zu löschen. Zu Recht aber wird dieser Ansatz heftig diskutiert.

Um die Problemlage zu illustrieren, stelle ich in Diskussionen mit Schüler*innen gern diese – zugegeben teilweise suggestiven – Fragen:

- Ist es möglich, jede Nachricht auf ihren Wahrheitsgehalt zu überprüfen?
  Auch wenn man keine vertrauenswürdigen Personen vor Ort kennt?
- Wer definiert die Grenzen zum Fake? Was ist mit Satire?
- Auch anerkannte, etablierte Medien bringen hin und wieder Falschmel-
  dungen. Wie gehen diese im Normalfall damit um?
- Wer verhindert, dass unter dem Vorwand „Fake News" Zensur oder Be-
  schneidung der Meinungsfreiheit ausgeübt wird?
- Was ist mit kostenfreien Foren und jungen Unternehmen? Überleben
  diese, wenn sie weder Geld noch Mitarbeiter*innen haben, um alle Beiträge der Nutzer*innen zu prüfen?
- Trägt eine Pflicht zur Prüfung zur Monopolbildung bei?
- Wenn ein Staatsoberhaupt behauptet, die Zeitschriften des Landes verbreiten Fake News: Müssten diese dann nicht auch zensiert werden?
- Gehören Bilder, Links und Videos mit zum Inhalt der Nachricht? Selbst in
  den öffentlich-rechtlichen Medien sehen wir, dass Bilder nicht unmittelbar zum Inhalt eines Nachrichtenbeitrags passen, also nur zur „Dekoration" dienen.
- Können Meinungen Fakes sein?

Fake News können Meinungen beeinflussen, steuern oder ablenken. Über mein Handy erreichen mich solche News nur allzu leicht, ich kann sie aber selten zuverlässig prüfen – dadurch schaden sie mir womöglich. Und durch mein Weiterleiten und Kommentieren werden Fake News glaubhafter und können anderen schaden.

Manipulation

Auch abseits von Fake News ist die bewusste oder unbewusste Manipulation von Meinung allgegenwärtig. Das war zwar schon immer so, jedoch gewinnt die Wahrscheinlichkeit der Meinungsmanipulation durch die Möglichkeiten digitaler Medien enorm an Bedeutung. Die wesentlichen Aspekte dabei sind:

- uneingeschränkte Teilhabe von jedermann an der Erstellung von Informationen
- sofortige globale Verfügbarkeit von Informationen
- internationale zentralisierte Dienste, welche durch ihre Bekanntheit in der Lage sind, Informationsflüsse zu beeinflussen

Zur Manipulation ist kein „böser Masterplan" nötig. Allein der Konsum der in den sozialen Medien geposteten Informationen manipuliert unsere Meinung. Das ist nur zu verständlich – sprechen uns doch persönliche Artikel viel eher an als Agenturmeldungen und produzieren somit mehr Klicks. Aber nicht nur die subjektive Darstellungsweise – das heißt die Meinung der Autor*in – manipuliert unsere Meinung. Im Jahr 2012 führte Facebook eine Studie durch: Für eine große Anzahl von Mitgliedern wurden die angezeigten Meldungen vorgefiltert oder umsortiert. So wurden die Gefühle der betreffenden Teilnehmer*innen positiv oder negativ beeinflusst – ohne Veränderung der Inhalte selbst. Die Bewertung oder die Anzahl von Likes unter bestimmten Produkten oder Kommentaren hat einen ähnlichen Effekt (Wendt/Beuth 2014). Dieses Beispiel verdeutlicht die Macht von Social-Media-Unternehmen über die Gefühlslage in unserer Gesellschaft. Siehe auch: Botnetze – Manipulation durch gekaufte Likes ⇨ Seiten 68 f.

Was hat mein Handy damit zu tun?

Mit meinem Handy konsumiere und teile ich permanent die Meinung anderer. Ohne kritisches Hinterfragen werde ich dadurch manipulierbar und manipuliere selbst.

Datendiebstahl

Unter Datendiebstahl verstehen wir
- das nicht – bewusst! – genehmigte Sammeln und Weiterleiten von Daten (z. B. durch Spyware auf meinem Gerät),
- das nicht gewollte Weiterleiten von Daten an Dritte (z. B. der Verkauf meiner – von mir für bestimmte Dienste freigegebenen Daten – an Dritte),
- das Abgreifen meiner Daten durch unberechtigten Zugriff auf die technische Infrastruktur (z. B. durch Hacking des Servers).

Unser Smartphone ist teilweise mit hochentwickelter Sensorik ausgestattet: mehrere Kameras, Mikrofon, Fingerabdrucksensor und GPS. Dazu kommen eine schnelle Internetverbindung und der permanente direkte Kontakt zur Besitzer*in, wodurch weitere biometrische Daten wie Gesten, Bewegungsprofile und dergleichen aufgezeichnet werden können. Die Hardware ist ausreichend dimensioniert, um selbst komplizierte Berechnungen für Gesichtserkennung und Spracherkennung bewältigen zu können. Es ist also besonders interessant, Daten direkt auf dem Smartphone zu sammeln: Sie besitzen hohe Qualität und Aussagekraft. Übertrieben? Nein! Das ist auch der Grund, warum es in einigen Unternehmen die Vorschrift gibt, nicht über Erfindungen zu sprechen, wenn ein Smartphone im Raum ist.

Die Daten müssen dabei jedoch nicht unbedingt direkt von meinem Handy gestohlen werden. Viele App-Anbieter speichern meine persönlichen Daten ganz automatisch auf einem zentralen Datenspeicher im Internet. Für Datendiebe stellt ein solcher Speicher natürlich eine Schatzkiste dar. Besonders heikel ist es, wenn solche Daten öffentlich zugänglich werden. Die Community-Software Whisper, die bei Kindern und Jugendlichen beliebt ist, um geheime Geständnisse zu teilen, hat durch einen Fehler 900 Millionen Datensätze online gestellt. Die Daten waren teilweise mit Standortangaben, Alter und Geschlecht versehen und betrafen auch Kinder unter 15 Jahren (Greis 2020). Solche Datenlecks können wiederum als Quelle für andere Risiken – wie Mobbing, Stalking und Erpressung – dienen.

> **Mein Handy sammelt also meine Daten. In falschen Händen können sie zu virtueller Munition werden!**

Bei Sicherheitslücken in einem zentralen Datenspeicher ist es für die Benutzer*in einer App bzw. eines Dienstes schwer überprüfbar, was mit ihren Daten letztendlich geschieht. Onlinediensten wird meist unbegründet und voreilig großes Vertrauen entgegengebracht. Besonders bedenklich halte ich den Griff nach Gesundheitsdaten unter anderem durch Firmen wie Google oder auch Dienste, die Datenbanken von DNA-Proben anlegen (Grävemeyer 2020). Regionale Regeln, die unsere Ärzt*innen zu einer Geheimhaltung nach militärischem Standard verpflichten, werden durch Abspeichern solcher Daten auf internationalen Servern umgangen.

Nudes

Nacktbilder werden in der Umgangssprache als Nudes bezeichnet. Über soziale Medien wie Snapchat sehen sich vor allem Mädchen sehr oft mit der Aufforderung konfrontiert, Nudes zu senden. Vor allem – aber nicht ausschließlich – in der Pubertät kommen Kinder und Jugendliche dieser Aufforderung trotz intensiver Aufklärung nach, was sie wiederum zu möglichen Opfern für Mobbing, Stalking oder Pädophilie macht. Professionelle Bildersammler arbeiten dabei sehr gerne mit psychologischem Druck (⇨ Seite 38).

Wer sehr private Fotos von sich macht und diese auch noch übers Handy verschickt, der kann sicher sein, dass diese Fotos in falsche Hände und damit außerhalb seiner Kontrolle geraten.

> **Und wer Nudes von anderen teilt, verwendet sein Smartphone als „Waffe"!**

Phishing

Salopp ausgedrückt: Phishing bezeichnet das Angeln nach Daten, die vertrauensselige Nutzer*innen bereitstellen. Phishing leitet – zum Beispiel durch eine E-Mail mit gefälschtem Absender – auf eine gefälschte Webseite, um dort vertrauliche Daten, wie Passwörter oder Kontodaten, abzufragen. Wenn Sie aufgefordert werden, Ihr Konto auf einer Webseite zu überprüfen oder Ihre Passwörter zu ändern (beliebt sind zum Beispiel PayPal, Amazon, eBay), dann ist dies eine Phishingmail, die über einen falschen Link Ihre Log-in-Daten stehlen möchte. Falls Sie sich unsicher sind, öffnen Sie den Browser und navigieren manuell zur entsprechenden Webseite. Wenn Sie sich dort einloggen, werden Sie mit Sicherheit keinen Hinweis auf irgendein Problem erhalten. Die erhaltene E-Mail war ein Fake!

Social-engineering-Tools ermöglichen das schnelle und einfache Klonen einer Webseite – inklusive des Abspeicherns der eingegebenen Daten und der automatischen Weiterleitung zur originalen Webseite.

Eine weitere Möglichkeit des Phishing sind sogenannte Rogue Access Points: Ein Angreifer simuliert einen WLAN-Zugriffspunkt (Hotspot). Sinnigerweise wählt der Angreifer einen bestehenden Funknetznamen der Umgebung oder einen, der für möglichst viele Benutzer*innen interessant erscheint. Ist der Rogue Access Point stärker, zum Beispiel weil das Signal näher ist, wechselt das Betriebssystem der Benutzer*in automatisch auf den signalstärkeren Hotspot: Das Smartphone verbindet sich ohne eigenes Zutun mit diesem und die Internetverbindung wird komplett durch den Angreifer gesteuert.

> **Über mein Smartphone kann der Angreifer jetzt als „Mann in der Mitte" alle Passwörter mitlesen, mich zu Phishingwebseiten umlenken und sogar die Passwörter des echten WLAN-Accesspoints bekommen – ohne, dass ich es merke!**

Erlangt der Angreifer darüber auch das Passwort zum E-Mail-Account, kann er über die Passwort-vergessen-Funktionen viele meiner Accounts übernehmen und für mich sperren. Meine digitale Identität (⇨ Seiten 73 f., 92) wäre somit gestohlen.

Computerviren, Würmer und Co.

Auch unser Handy kann krank werden. Genau wie in der Humanmedizin ist Krankheit ein sehr komplexes Thema. An dieser Stelle halte ich mich so kurz wie möglich und betrachte jegliche schädliche Computersoftware zusammengefasst: Viren, Würmer, Ransomware usw.

Zusätzlich hat solche Software das Potenzial, neben dem eigenen Gerät auch alle weiteren Geräte in meinem Netzwerk zu infizieren – das kann von der smarten Heizungssteuerung, über Fernseher und Kühlschrank bis zum PC und anderen Smartphones alles sein. Auch der PC ist ein Einfallstor solcher Software, zum Beispiel über Filesharingdienste, über Werbeanzeigen auf zwielichtigen Webseiten oder gratis Streamingdiensten.

Der Wettlauf zwischen Virenscannern, Firewalls und Schadsoftware ist wie ein ständiges Katz-und-Maus-Spiel und muss auf jedem einzelnen Gerät erfolgen. Eltern sind daher gut beraten, neben der intensiven Aufklärung und gelegentlichen Kontrolle eine zusätzliche zentrale Absicherung des Netzwerks zu schaffen, um den Zugriff auf Geräte im Heimnetz zu unterbinden. Im Kapitel 8 richten wir uns einen solchen Filter auf einem Raspberry Pi ein (Workshopangebot 1 ⇨ Seite 139, Projekt: Werbung blocken mit eigenem DNS-Server).

Solche Software verursacht Schäden – und ist Mittel bei Straftaten:

- Flut an Werbeanzeigen
- Datendiebstahl
- Zugriff auf Bankkonten
- Weiterleiten des Browsers an Phishingwebseiten
- Eingliedern des eigenen Gerätes in ein Botnetzwerk
- Ausführen von Straftaten über das betroffene Gerät[5]
- Erpressung[6]
- Totalverlust des Geräts[7]

Überwachung, Abhören, Stalking und Tracking

„Ich habe doch nichts zu verbergen!" Das ist meist die Antwort, wenn diese Themen angesprochen werden. Da Überwachung jedoch anlasslos und ununterbrochen stattfindet, ist uns oft nicht bewusst, wie viele intime Details dadurch preisgegeben werden – ein mehr als ausreichender Grund, mit den Schüler*innen darüber zu sprechen.

Die Themen Überwachung, Abhören, Stalking und Tracking sind in Ursache und Wirkung zwar verschieden, die technischen Grundlagen jedoch sind gleich, daher fasse ich sie unter dem Begriff Überwachung zusammen. Überwachung zielt darauf ab, Personen in ihrem Handeln, ihrem Wesen und ihrem gesamten Sein transparent zu machen.

Überwachung findet aus verschiedenen Gründen statt:

- staatliche Überwachung – beispielsweise durch umstrittene Konzepte wie der Vorratsdatenspeicherung oder dem Staatstrojaner
- private Überwachung – beispielsweise durch Spyware-Programme oder zur Überwachung Minderjähriger
- freiwillige Nutzung von Überwachungsdiensten – z. B. durch Verwendung von internetbasierten Sprachassistenten, Fitnesstrackern und Kameras

Alle Arten der Überwachung haben gemeinsam, dass ich als Quelle der Daten keinen Einfluss auf deren Verwendung habe. Es besteht immer die Möglichkeit, dass diese durch nicht autorisierten Zugriff in die Hände Dritter gelangen.

Staatliche Überwachungsmaßnahmen sind durch Maßnahmen zur Strafverfolgung legitimiert und gehören somit nicht direkt zu den Gefahren, sondern eher zur Abwehr von Gefahren. Es ist offensichtlich, dass durch Anonymität auch die Kriminalität und die Organisation von schweren Verbrechen im Internet erleichtert wird. In den USA sind Konzerne dazu verpflichtet, der Regierung Zugriff auf die Daten ihrer Nutzer*innen zu gewähren, selbst wenn diese sich im Ausland befinden. Dies betrifft nahezu alle cloudbasierten Dienste.

Die Antwort auf die Frage, ob anlasslose Überwachung aller Internetteilnehmer*innen das richtige Mittel für die Verhinderung solcher Verbrechen ist, überlasse ich den Expert*innen. Die New York Times berichtet jedoch auf Grundlage einer vom US-Kongress beauftragten Studie, dass diese nach vier Jahren Vorratsdatenspeicherung in den USA zu nur einer einzigen signifikanten Ermittlung geführt hat (Holland 2020).

Private Überwachung kann durchaus sinnvoll und nützlich sein. Hierunter verstehe ich beispielsweise das Abfragen des Standortes meiner Kinder, wenn diese mal wieder in den falschen Schulbus eingestiegen sind. Auch das regelmäßige Kontrollieren von installierten Apps. Bei diesen Themen, wenn es um die Kontrolle Schutzbefohlener geht, überwiegt der Nutzen ganz eindeutig die Risiken. Geheime private Überwachung ist grundsätzlich eine Straftat, sofern dies nicht die Überwachung der eigenen Kinder betrifft. Mittels geeigneter, versteckter Software kann ein Stalker jederzeit den Standort eines Smartphones bestimmen, das Mikrofon einschalten, um die Umgebung zu belauschen, Chats mitlesen und Weiteres. Im Praxisteil zeige ich, wie solche Spyware auf dem Smartphone zu entdecken ist (⇨ Seite 133).

Tracking ist eine spezielle Form von Überwachen und Abhören: Aus den aufgezeichneten Daten werden über einen Zeitraum weitere Modelle berechnet, zum Beispiel Bewegungs- und Verhaltensprofile. Es wird folglich nicht nur die Historie aufgezeichnet, sondern es können durch spezielle Algorithmen auch Vorhersagen getroffen werden.

Tracking kann sowohl privat und erwünscht als auch durch unerwünschte Software erfolgen. Wir akzeptieren Tracking beispielsweise meist durch das Bestätigen von Cookies auf einer Webseite. Versteckt geschieht Tracking jedoch zum Beispiel durch unerwünschte Software – sogenannter Malware – oder durch Browser-Plug-ins. Im Praxisteil zeige ich, wie man unerwünschte Plug-ins im Browser aufspüren und deinstallieren kann (⇨ Seite 136).

Auch bei der freiwilligen Nutzung von Überwachung – zum Beispiel zur Selbstkontrolle – sollte man sich der Gefahren bewusst sein. Niemand kann die Konsequenzen aus dem Sammeln von Daten überblicken. Auch wenn die Schüler*innen der Meinung sind: „Ich habe doch nichts zu verbergen!" – Fragen Sie sie:

- Wird zur Selbstkontrolle unbedingt eine Internetverbindung benötigt?
- Ist es zur Selbstkontrolle wirklich notwendig, Daten online zu speichern?
- Muss eine Auswertung von Daten wirklich online geschehen?
- Braucht es ein permanent aktives Online-Mikrofon, nur um über Spracherkennung das Radio einzuschalten?

„Privatsphäre war zu einer beruhigenden Täuschung geworden. […] Die neuen elektronischen Überwachungsmöglichkeiten veränderten die Gesellschaft; es war so, als hätte man alle Menschen in traditionelle japanische Häuser umgesiedelt, deren innere Wände aus Bambus und Papier bestanden. Obwohl man die anderen beim Niesen, Reden und Sex belauschen konnte, bestand die soziale Übereinkunft darin, sich taub zu stellen. Man sollte sich verhalten, als wären die Wände solide und schalldicht." (Hawks 2006).

Ist es das, was wir unter „Ich habe doch nichts zu verbergen!" verstehen? Abschließend nochmal die Frage: Ist mein Handy eine Waffe? Die Erkenntnis liegt nahe: Die Gefahr geht nicht von der Technik selbst aus, sondern rührt von der Verwendung bzw. den angestrebten Zielen bei der Verwendung technischer Möglichkeiten her.

3.2 Gefährliche Technik

Botnetze

Ein Bot ist ein Computerprogramm, ein Algorithmus, der automatisch sich wiederholende Aufgaben abarbeitet. Bots können – durch einen fremden Computer ferngesteuert oder komplett automatisch – Tätigkeiten ausführen: zum Beispiel Nachrichten im Namen anderer versenden. Viele dürften bereits mit einem Chatbot zu tun gehabt haben. Ein Chatbot kann immer dann eine vorgegebene Nachricht in einen Chat schreiben, wenn ein anderer User sich dort anmeldet. Oder er kann automatisch User sperren, wenn sie Schimpfworte benutzen. Solche Bots sind harmlos und hilfreich.

Ein Botnetz hingegen ist der Zusammenschluss vieler Computer über einzelne Computerprogramme, die meist für die Besitzer*in des Computers versteckt ablaufen und durch das Erteilen von Aufgaben aus der Ferne gesteuert werden, um mit der Rechenleistung vieler einzelner Geräte eine gemeinsame Aufgabe zu erledigen. Ein Beispiel ist das automatisierte Erstellen von „Fans" – zum Beispiel in Form von Followern und Likes bei YouTube, Facebook etc. Derartige Dienste werden offiziell und legal als Mittel der Werbung angeboten.

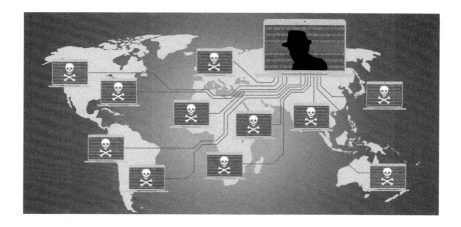

Auch das eigene Smartphone kann durch einen Angreifer in ein Botnetz eingegliedert werden. Durch künstliche Intelligenz werden automatisch erstellte Accounts immer glaubwürdiger, weshalb es selbst Firmen wie Facebook immer schwerer fallen dürfte, diese zu identifizieren.

Welche Gefahren drohen? Stellen Sie sich vor, Sie sind Wähler*in einer linken Partei, Ihr Smartphone ist jedoch Teil eines Botnetzwerks und betreibt ein Fake-Profil, mit dem es einer rechtsgerichteten Partei folgt und deren Inhalte teilt! Dieser Dienst – mit gekauften Likes, Bewertungen und Kommentaren – kann natürlich für Viral-Marketing-Kampagnen[8] verkauft werden. Somit wird über die Rechenleistung Ihres Handys und über Ihr Datenvolumen ohne Ihr Wissen Geld verdient. Nebenbei: Viel schlimmer ist, dass Sie unglaubwürdig werden!

Botnetzwerke können auch zum Verbreiten von Spam und Schadsoftware verwendet werden. Für die betroffenen Systeme stellt es sich dann so dar, dass die Handybesitzer*in Teilnehmer*in eines großen Cyberangriffs ist. Die wahren Angreifer – die Betreiber des Botnetzwerks – bleiben verborgen und sind schwer zu ermitteln. Der Vollständigkeit halber: Dieses Problem betrifft bei Weitem nicht nur Handys! Der Trend zum sogenannten Smarthome führt zum Einsatz einer Vielzahl unterschiedlicher Geräte, die alle über das Internet kommunizieren können. Neben dem Netzwerkdrucker stellen nun auch Kühlschrank, Heizung, Spielzeug oder sogar eine Glühbirne intelligente Geräte im Netzwerk dar, welche ebenfalls zum Ziel eines Angriffs oder zum Beherbergen eines Bots dienen können.

Spam

Unaufgefordert zugesandte Werbung wird als Spam bezeichnet. Die Quelle von Spam ist oft nicht der Werbetreibende selbst, sondern z. B. ein Botnetz. Die als Werbetreibender genannte Adresse eines E-Mail-Versenders muss nicht dem tatsächlichen Absender entsprechen. Es ist ein Leichtes, Spam so zu tarnen, als käme sie von einer seriösen Quelle (⇨ Seiten 131 f.). Spam kann man nicht abbestellen! Sie tarnt sich häufig als personalisierte Werbung. Oft hat diese Art der Werbung einen anstößigen Inhalt. Sie kann aber auch Viren beinhalten oder den Empfänger auf bösartige Webseiten umlenken (Phishing ⇨ Seiten 63 f.).

Die Flut von Spam-Nachrichten ist nicht nur lästig, es können auch wichtige Nachrichten in dieser Flut untergehen. Spamfilter können dieses Problem gar verstärken, da sie den Inhalt der E-Mail nicht immer korrekt interpretieren können. Sie reagieren auf verschiedene Details wie anstößige Wörter, Rechtschreibfehler, passende Absender und so weiter. Es kommt durchaus vor, dass es dadurch auch falsch-positive Findings gibt – also wichtige E-Mails im Spam-Ordner landen.

Tracking für personalisierte Werbung

Um das Ganze greifbarer zu machen, schauen wir uns ein Beispiel an, wie das funktioniert: Google liest mit dem kostenlosen E-Mail-Dienst Gmail bereits seit 2004 die E-Mails seiner Nutzer*innen und analysiert diese (Krämer 2018). Nach heftiger Kritik stellte Google den Einsatz dieser Daten für personalisierte Werbung ein, nutzt sie aber weiterhin für andere Dienste.

Tracking übertragen in die die analoge Welt: Ich schicke meiner Großmutter eine Postkarte, in der ich über mögliche Ziele für den nächsten gemeinsamen Ausflug schreibe. Die Post steckt automatisch einen Reiseprospekt für Seniorenreisen mit in den Briefkasten oder ein Vertreter vom Reisebüro klingelt gleich direkt an der Tür. Die Post hat also meine Karte gelesen und die Informationen verkauft. Das Ergebnis: personalisierte Werbung.
Dies klingt für die meisten Schüler*innen erst einmal nicht weiter dramatisch. Die Geschichte[9] lehrt uns jedoch, in welche Richtung sich ein solches System bewegen kann, wenn wir es als gegeben akzeptieren, dass unsere private Kommunikation ausgewertet, gespeichert und zweckentfremdet verwendet wird.

Der ethische Blickwinkel

Mit Power-Tracking Kundenwünsche noch besser erfüllen.

Dieses Konzept ist nicht auf E-Mails beschränkt. Durch Sprachassistenten haben wir bereits zugelassen, dass wir auch bei privaten Gesprächen permanent von einer künstlichen Intelligenz belauscht und die Inhalte ausgewertet werden. Diese Sprachassistenten sind mittlerweile allgegenwärtig: Sie stecken in Handys, Fernsehgeräten, Spielkonsolen und Lautsprechern. Auch hier haben die Unternehmen bereits bestätigt, dass „zur Sicherung der Qualität" am anderen Ende auch Personen die Gespräche abhören (Fuest 2019).

Um den Schüler*innen zu zeigen, wie unangenehm personalisierte Werbung wirken kann, dieses Gedankenexperiment:
Zwei Freunde unterhalten sich darüber, dass sie Singles sind und eine Vorliebe für blonde Frauen haben. Einer der Freunde trägt eine Smartwatch mit Sprachassistent. Die Folge: Er erhält nun vermehrt E-Mails mit Werbung für Partnervermittlungsbörsen und Profilbildern von blonden Frauen; in seinem Navigationssystem ploppt die Werbung für den Escortservice um die Ecke auf.
Noch immer Werbung und noch immer irgendwie lustig? Nein: Für den Betroffenen kann es sehr schnell peinlich werden!

Wir sehen also: Das Aushebeln des Briefgeheimnisses für Werbezwecke ist vielleicht nur der Beginn. Die digitale Transparenz von Bürger*innen kann jedoch ungeahnte gesellschaftliche Auswirkungen haben. Und nicht nur in der Vergangenheit existierte politische Motivation, an private Daten von Bürger*innen zu gelangen. So sollte uns beispielsweise das chinesische Sozialkredit-System zu denken geben. Bei all dieser Transparenz besteht die Gefahr, von mündigen Bürger*innen zu kontrollierbaren Datensätzen degradiert zu werden.

Fake News

Ich verwende den Begriff Fake News nicht gerne. Er ist aus meiner Sicht nicht wirklich abgrenzbar und daher irreführend. Im Allgemeinen können wir kaum eine Nachricht selbst prüfen, sodass wir immer auf andere Quellen angewiesen sind. Dabei machen jedoch auch etablierte Medien Fehler – welche dann nicht als Fakes, sondern als redaktionelle Fehler gewertet werden. Zusätzlich ist ebenfalls nicht klar, was alles als Fehler gilt. So müssen zum Beispiel begleitende Bilder nicht unbedingt zu dem bestimmten Ereignis passen, von dem berichtet wird. Sie dienen in diesem Fall nur als Dekoration der Nachricht, wurden jedoch nicht von einem Reporter, einer Reporterin vor Ort erstellt.

Sogenannte Faktenchecker sind oftmals nicht finanziell unabhängig und haben meist eine ebenso eingeschränkte Möglichkeit, die realen Ereignisse vor Ort zu prüfen.

Aber sind Fakes – oder fehlerhafte Nachrichten – wirklich gefährlich? Ja, wenn sie meine Meinung beeinflussen. Daher möchte ich den Begriff Fake News lieber durch eine Definition ersetzen: „Falsche Nachrichten, mit dem Ziel, meine Meinung, Handlung oder Gesinnung zu beeinflussen."

Um sich vor derartigen manipulativen Nachrichten zu schützen, gibt es ⇨ Seite 101 eine Checkliste. Für ein besseres Verständnis des Begriffs „Fake" gibt es im praktischen Teil eine Übung (Platons Höhlengleichnis in der digitalen Gegenwart ⇨ Seiten 129 f.).

Fake-Identitäten

Normalerweise bauen wir positive emotionale Beziehungen zu anderen Menschen auf, wenn „die Chemie stimmt", wenn wir einen guten ersten Eindruck haben. Der erste Eindruck ist eine Kombination aus Erscheinung, Körpersprache und – tatsächlich! – Chemie. All diese Eindrücke fehlen online. Wer kennt alle seine Online-Freund*innen im Reallife? Es sollte mittlerweile jedem bewusst sein, dass der Chat mit dem vermeintlich hübschen Mädchen durchaus in Wahrheit mit einem hässlichen alten Mann stattfinden könnte – selbst wenn dieser auf seinem Profil Bilder eines Mädchens teilt, um sich als dieses auszugeben. Und keine Frage: Auch Mädchen fallen auf Fake-Identitäten herein.

Neben den Vorteilen, die Anonymität hat, hat sie also auch Schattenseiten (⇨ Seiten 38 ff.).

Digitaler Zwilling

Unsere digitale Identität, d. h. unsere Profile in sozialen Medien, können wir als unsere digitalen Zwillinge ansehen. Daten verschiedenster Quellen können miteinander kombiniert werden, um ein möglichst exaktes Persönlichkeitsprofil nachzubilden. Je mehr das Sammeln von Daten zentralisiert wird, desto aussagekräftiger werden diese Profile, da die Daten unterschiedlicher Quellen einem einzigen Profil zugeordnet werden können.

Ist das ein Problem? Ein digitaler Zwilling kann mehr über unsere Persönlichkeit aussagen, als uns bewusst ist. Unser Social-Media-Profil übermittelt – von uns und anderen unbemerkt – mitunter intime Informationen über unseren Charakter – egal ob diese zutreffen oder nicht. Ist dieser Zwilling öffentlich zugänglich, kann er sich negativ auf wichtige Weichenstellungen im Leben – beispielsweise im Bewerbungsprozess – auswirken. Davor warnt auch Thüringens Landesdatenschützer Hasse (dpa 2020a). Das Grundproblem der Profilbildung beschreibt er so: Anhand etwa von Facebook-Likes lassen sich über Algorithmen Profile einzelner Nutzer*innen erstellen. In diesen Profilen fließen dann vermeintliche Erkenntnisse über die Nutzer*innen zusammen. „Mit zehn Facebook-Likes kennt der Algorithmus jemanden besser als etwa die Arbeitskollegen der betroffenen Person, und bei 250 Facebook-Likes kennt der Algorithmus jemanden besser, als es ein Ehepartner tut", sagt Hasse. Diese Profile, die Informationen

etwa über Herkunft, sexuelle Orientierung und Charaktereigenschaften enthalten können, könnten vielfach genutzt werden – von Banken bei Kreditvergaben und von Arbeitgebern, aber auch von Parteien. Gerade Letzteres hatte im vergangenen US-Wahlkampf eine Rolle gespielt. So soll die Firma Cambridge Analytica Facebook-Daten zu solchen Profilen verarbeitet haben.

Tracking (⇨ Seiten 66 f., 70 ff.) kann zwar für das Erstellen eines digitalen Zwillings eine wesentliche Rolle spielen, ist aber meist nicht allein verantwortlich. Viel wichtiger ist unser eigenverantwortliches Anlegen eines Onlineprofils, mit welchem diese Trackingdaten dann verknüpft werden können.

Übrigens: Was bis 2019 noch als Verschwörungstheorie galt, wurde während der Corona-Pandemie im Jahr 2020 offiziell: Google erstellt und speichert Bewegungsprofile ihrer Nutzer*innen über Apps wie Google Maps. Die Firma gab 2020 den Zugriff auf Bewegungsprofile aus 131 Ländern frei (Kremp 2020).

Der ethische Blickwinkel

Messengerdienste

Direkte Kommunikationstechniken der Netzbetreiber – über Telefon, SMS oder MMS – sind kaum noch zeitgemäß. Kinder und Erwachsene kommunizieren heute vorrangig über zentralisierte internetbasierte Dienste und vertrauen ihre Daten somit internationalen Konzernen an. Vielen ist dieser Unterschied nicht einmal bewusst.

Die Gesetze des Datenschutzes (⇨ Seiten 31 ff.) gelten zwar auch bei international agierenden Unternehmen – also unabhängig vom Firmensitz und vom Land der Datenspeicherung – für das Land, für das der Messenger angeboten wird (also bei uns Deutschland), ihre Durchsetzbarkeit hängt jedoch stark vom Speicherort der Daten ab. Dieser kann bei Messengerdiensten irgendwo sein. Rechte auf unsere Kommunikationsdaten können wir daher nicht zwangsläufig durchsetzen. Vor gar nicht allzu langer Zeit verlangten einige Messengerdienste sogar, dass das Urheberrecht – zum Beispiel von Fotos und Videos – an den Betreiber des Messengerdienstes übergeht. In diesem Fall hätte der Betreiber theoretisch das Recht, unsere privaten Fotos für eigene Werbezwecke zu verwenden, sie öffentlich zu zeigen oder Ähnliches. Durch die rechtliche Definition des Begriffs des Dateneigentums hat sich dieses Problem jedoch gelöst.

Die Bundesregierung ist bemüht, das Fernmeldegeheimnis auch auf Messengerdienste auszuweiten und hat diese Erweiterung im Februar 2021 durch das „Gesetz über den Datenschutz und den Schutz der Privatsphäre in der Telekommunikation und bei Telemedien (TTDSG)" beschlossen. Inwieweit wir bei der Verwendung internationaler Dienste auf die deutsche Rechtsprechung vertrauen können, wird die Zukunft noch zeigen müssen. Allein die Beweisführung, dass private Kommunikation mitgelesen und verwertet wird, stellt eine Herausforderung dar. Es bleibt also dabei: Wenn wir über internationale Systeme kommunizieren, liegt die Verantwortung in den Händen internationaler Unternehmen. Wir vertrauen dabei dem jeweiligen Betreiber des verwendeten Messengerdienstes bei Schutz vor Manipulation, fremdem Zugriff und Datendiebstahl, Zensur und Wahrung des Urheberrechts. Wir sollten uns zumindest dessen bewusst sein, dass wir dadurch die Kontrolle über unsere Kommunikation ein Stück weit verlieren. Eine Zentralisierung muss nicht gleich eine Gefahr sein – sollte aber in jedem Fall auf Vertrauen basieren (Dachwitz 2021).

Die bunte und vielgenutzte moderne Kommunikation mit Messengern macht es uns schwer, uns des Risikos vom stückweiten Verlust der Privatsphäre bewusst zu werden. Die EU hat auf dieses Problem reagiert, indem sie das empfohlene Mindestalter für die Verarbeitung personengebundener Daten (die durch die Verwendung von sozialen Medien geschieht) auf 16 Jahre festgesetzt hat (Rat der Europäischen Union 2015). Ob das genügt, ist zweifelhaft: „In Deutschland gilt nach dem Minderjährigenrecht, dass fast alle Verträge erst ab einem Alter von 18 Jahren geschlossen werden können. Insofern halte ich alle Verträge, die Minderjährige mit WhatsApp oder Facebook ohne Zustimmung der Eltern geschlossen haben, für schwebend unwirksam. Es ist dann Sache der Eltern, ob sie diese Verträge nachträglich genehmigen oder nicht." (Solmecke 2018).

Wie definieren wir die Sicherheit von Messengern?

Wenn wir uns die Verbreitung von Messengern anschauen, so ist WhatsApp mit Abstand die am häufigsten verwendete Messenger-App (Stand 2021). Jedoch steht gerade WhatsApp immer wieder in der Kritik. Daher listet auch die Verbraucherzentrale Alternativen zu Facebooks beliebtem Messenger: www.verbraucherzentrale.de ⇨ Suchwort „Messenger". Aber wie erkennen wir, wie sicher unsere Daten sind? Nach welchen Kriterien sollten wir uns bei der Wahl eines Messengers richten? Wir können uns dieser Fragestellung auf zwei Arten nähern: technisch und funktional.

Aus technischer Sicht sprechen wir von einer sicheren Software, wenn sie unsere Daten vor fremdem Zugriff, vor Manipulation und eventuell auch vor Verlust schützt. Es gibt zahlreiche Kriterien, anhand derer Expert*innen die technische Sicherheit eines Messengers beurteilen können. Eine Übersicht über technische Aspekte ausgewählter Messenger finden Sie im Anhang ⇨ Seiten 156 f. Für den „Alltagsgebrauch" ist Folgendes von besonderer Bedeutung:

- Die App sollte nur sparsam Metadaten erheben. Eine App, die zusätzlich massenhaft andere Daten einsammelt, ist prinzipiell als nicht sicher einzustufen. Metadaten sind im Regelfall nicht durch eine Ende-zu-Ende-Verschlüsselung geschützt, da sie großteils auf dem Server verbleiben.
- Die Sicherheit der App sollte regelmäßig durch unabhängige Expert*innen beurteilt werden.
- Der Quellcode der App sollte verfügbar sein, um dessen Sicherheit prüfen zu können.
- Die Kommunikation sollte verschlüsselt sein.

Der ethische Blickwinkel

Eine Beurteilung der Sicherheit aus funktionaler Sicht ist hingegen einfacher. Funktional bedeutet in diesem Fall die zur Verfügung stehenden Funktionen des Messengers zum Schutz der Privatsphäre. Eine Übersicht dazu findet sich bei der Verbraucherzentrale: www.verbraucherzentrale.de ⇨ Suchwort „Messenger" ⇨ Download „Datenschutz von Messengern im Vergleich.pdf".

Messengerdienste in der Schule

In der Schule ist eine sichere, datenschutzkonforme Kommunikation essenziell. Der Einsatz von Messengerdiensten mit Mindestalter entfällt für die Kommunikation zwischen Lehrer*innen und Schüler*innen. Auch wenn es durch weite Verbreitung und Akzeptanz dieser Messengerdienste meist die einfachste Lösung wäre, kann deren Verwendung sogar strafrechtliche Relevanz besitzen (Büring 2020). Die Nutzung von Messengerdiensten wird aufgrund ihrer Verarbeitung personenbezogener Daten kritisch gesehen und ist deshalb nicht mit den landesspezifischen Schulgesetzen vereinbar.

Um eine brauchbare Lösung zu entwickeln, muss sich das deutsche Schulwesen von internationalen Konzernen emanzipieren. Eine Möglichkeit ist, eine eigene Kommunikationsinfrastruktur für die Schüler*innen bereitzustellen. Das ist zum Beispiel mit dem etablierten und quelloffenen XMPP-Protokoll möglich. Die Schüler*innen haben die Wahl zwischen einer ganzen Reihe an kompatiblen Messengerdiensten – zum Beispiel Pix-Art oder Conversations. Ein XMPP-Server – z. B. ejabberd (eine nicht vollständige Liste verschiedener XMPP-Clients gibt es hier: https://xmpp.org/software/clients.html) – ist schnell installiert und kann als Teil der schulischen Infrastruktur bereitgestellt werden. Jedoch ist der Aufwand für Pflege und Administration eines eigenen Servers nicht zu vernachlässigen. Diese Zusatzbelastung dürfte viele Schulen abschrecken. Der Betreiber von im-schule.de, der einen kostenfreien XMPP-Server für den Schulbetrieb angeboten hatte, stellte kurz vor der Veröffentlichung dieses Buches sein Angebot ein.

Die Auswahl eines DSGVO-konformen Messengers für den Schulbetrieb kann durchaus nervenaufreibend sein. Mitunter ist aber ein selbst gewarteter Server auch nicht mehr nötig. Wer sich tiefer mit diesem Thema beschäftigen möchte, findet unter den folgenden Links eine Auseinandersetzung mit diversen Angeboten:

3.3 „Das Web funktioniert nicht für Frauen und Mädchen"

„Das Web funktioniert nicht für Frauen und Mädchen." So schrieb Tim Berners-Lee – einer der Pioniere des Internets (er erfand das HTML-Protokoll, mit dem das WWW arbeitet) – zum 31. Jahrestag des Internets (Berners-Lee 2020). Er bezieht sich dabei auf Untersuchungen der World Wide Web Foundation und der World Association of Girl Guides and Girl Scouts. Diese besagen, dass schon mehr als die Hälfte der jungen Frauen online Gewalt erfahren haben – durch Drohungen, Belästigungen oder die Verbreitung von privaten Fotos ohne ihre Zustimmung. Auch das ungefragte Zusenden pornografischer Bilder[10] – zum Beispiel sogenannter Dickpics – ist ein allgemeines Problem in sozialen Netzwerken. Die genannten Punkte stellen Straftaten dar und können zur Anzeige gebracht werden (⇨ Seite 38).

Berners-Lee spricht auch die Diskriminierung von Mädchen durch künstliche Intelligenz (KI) an. Dieser Punkt ist jedoch ebenso auf andere Personengruppen übertragbar und liegt darin begründet, dass Mädchen laut der World Wide Web Foundation im Internet unterrepräsentiert sind. Um zu erklären, warum Diskriminierung ein generelles Problem von KI ist, werden wir uns später die Arbeitsweise einer KI anschauen (Workshopangebot 2 ⇨ Seite 140).

3.4 Gefährdung der Gesundheit

Gerade im Kinder- und Jugendalter, vor allem in der Pubertät, wenn das Gehirn sich neu strukturiert und neu vernetzt, ist das permanente unnatürliche Überangebot an Informationen hinderlich für eine gesunde Entwicklung. Stress wird ausgelöst, depressive Störungen, Angsterkrankungen, Verhaltensauffälligkeiten werden begünstigt.

Burnout

Nach der Schule ist für Kinder und Jugendliche eine Erholungsphase wichtig – und zwar nicht nur vom Lernstoff, sondern auch von Streitereien oder auch nur Kontakten mit Klassenkamerad*innen. Weil über das Smartphone ständig erreichbar, können Kinder und Jugendliche jedoch nach der Schule kaum noch frei entscheiden, ob und welche Klassenkamerad*innen sie auch am Nachmittag noch einmal „treffen" wollen. Klassenchats und Messenger machen dieses Abschalten kaum mehr möglich: Probleme aus der Schule verfolgen sie bis zu Hause und der Chat klingelt nicht selten bis tief in die Nacht.

Burnout durch permanente Nutzung elektronischer Geräte bzw. deren permanentes Checken ist die Gefahr. Ständige Erreichbarkeit führt unausweichlich zu Reaktionen im Körper und hat drastische Auswirkungen auf die Gesundheit (Markowetz 2015).

Selbstverletzung

Ein alarmierendes Zeichen sind Selbstverletzungen – im Jugendalter oftmals ein Verhalten zum Bewältigen von Stresssituationen. Das schnelle Teilen von Fotos über Gruppen in Messengern, Blogs und Ähnlichem fördert den Anreiz für Nachahmer*innen. Dies trifft vor allem in der Pubertät zu: Bei schnell schwankenden Stimmungslagen steht das Nachahmen selbstverletzenden Verhaltens für Rebellion und hat gleichzeitig den Zweck der Selbstberuhigung.

Gespräche mit psychologischen Psychotherapeut*innen zeigen, dass zunehmend auch Jugendliche von selbstverletzendem Verhalten betroffen sind. Was im Erwachsenenalter oftmals als Symptom für eine Borderlinestörung gilt, dient im Jugendalter eher als Mittel zum Stressabbau (Hochwald 2021).

Konzentrationsstörung

Psycholog*innen der University of Texas in Austin haben in einer Studie belegt, dass selbst die bloße Anwesenheit des eigenen Handys die Konzentration und kognitiven Fähigkeiten herabsetzt. Und dies sogar, wenn Ton und Vibration abgeschaltet sind. Proband*innen, deren Handy sich in einem anderen Raum befand, schnitten bei den Tests signifikant besser ab als jene, deren Handy auf dem Tisch lag – und immer noch leicht besser als jene, die ihr Handy in der Tasche verstaut hatten. Es gibt also einen linearen Trend: Je spürbarer das Handy für die Proband*innen wird, desto mehr nimmt die verfügbare kognitive Kapazität der Teilnehmer*innen ab („Es ist ein Braindrain", Ward u. a. 2017).

Unregulierter Zugriff auf Handys und vergleichbare Geräte führt zu einer verminderten Lern- und Denkfähigkeit, wodurch die Chancen auf einen guten schulischen und beruflichen Werdegang gemindert werden.

Stress und Sucht

Viele Apps sind darauf ausgelegt, unsere Aufmerksamkeit permanent zu binden. Unser Gehirn braucht aber Freizeit, um Gelerntes zu verarbeiten und richtig zu funktionieren. In Videospielen Suchtverhalten zu entwickeln ist ein nicht zu unterschätzendes Risiko. Anders als in den 90er-Jahren sind Computerspiele heutzutage „klebrig" gestaltet – das heißt so entwickelt, die Spieler*innen möglichst lange an das Spiel zu binden. Das Spiel geht nie zu Ende und gleichzeitig wird durch In-Game-Käufe der permanente Anreiz gesetzt, Geld auszugeben (⇨ Seiten 42 ff.). Dies kann zu klassischer Sucht führen. Merkmale sind u. a. drastischer Verlust an realen Kontakten, Schlaf- und Essensentzug, zudem muss sich das Verhalten über mindestens sechs Monate erstrecken (allein die Verschuldung bzw. der Einsatz einer Unmenge an Geld und/oder Zeit reicht nicht aus).

Der ethische Blickwinkel

4 Vom Schaf zur Schäferin –
Hilfe zur Selbsthilfe mit Checklisten für
Eltern und Schüler*innen

Smartphones und Computer allgemein bilden die Grundlage zur Teilhabe an der Gesellschaft unseres Zeitalters. Sie helfen, Grenzen abzubauen, ermöglichen Zugriff auf Wissen und helfen uns, unserer Stimme Gehör zu verschaffen. Neben allen Vorteilen bergen Smartphones und Co. aber auch Risiken: Kann man ein Smartphone verwenden, ohne diesen Risiken hilflos ausgeliefert zu sein? Die Antwort ist ein klares Ja!

Zwar liegt es im Kern jeder Technik, nicht zu 100 Prozent sicher zu sein. Und es liegt im Wesen der Wirtschaft, maximalen Gewinn aus den verfügbaren Kund*innen zu schöpfen. Aber die größte Schwachstelle sind die Nutzer*innen selbst – und daran können wir arbeiten: Das Schaf auf der Weide frisst jeden saftigen Grashalm, der vor seinen Hufen sprießt. Es lässt sich brav treiben. Die Schäferin überblickt das ganze System, wählt die Weide aus und sorgt für den Schutz ihrer Schafe. Sie hat die Kontrolle. Wie werden wir also zur Schäfer*in? Wie handeln wir verantwortungsvoll? Wie können wir uns und andere schützen?

Hinweis: Dieses Kapitel beinhaltet Hilfestellungen für Privatpersonen, das heißt für Schüler*innen und Eltern. Für den Schutz der Infrastruktur schulischer Einrichtungen sind diese Hinweise nicht ausreichend.

4.1 Abschalten

Fangen wir mit den wichtigsten Verhaltensregeln zum Selbstschutz an. Unter Digital Detox versteht man, auf Technik für eine bestimmte Zeit komplett zu verzichten – also eine Entgiftung von der technischen Abhängigkeit. Diese Maßnahme kann gleich mehrere positive Auswirkungen haben. Kreativität: Verspüren wir Langeweile, ist das für das Gehirn wie Hochleistungssport. Das Gehirn hat Zeit, Eindrücke zu verarbeiten, die es sonst in der Datenflut vergessen würde. Und es muss sich selbst Dinge ausdenken, um sich zu beschäftigen. Das fördert die Kreativität und Intelligenz. Diese kreative Langeweile ist wichtig für eine gesunde Entwicklung und entsteht nur, wenn wir uns von permanenter medialer Reizüberflutung lösen.

Leider können Schüler*innen heutzutage kaum noch mit derartiger Langeweile umgehen. Vor der Erfindung des Smartphones fiel es ihnen auffallend leichter, sich Spiele für ihre Freizeit auszudenken. Da gehört das klassische „Blödsinn machen" dazu. Heutzutage ist die Freizeit oft durch digitale Medien geprägt. Ohne diese Technik herrscht zunehmend ideenlose Langeweile.

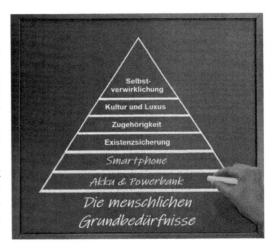

Freizeit: Abschalten ist wichtig, um sich nach der Schule von belastenden Problemen der Mitschüler*innen oder Streitereien zu erholen. Wurde man von jemandem genervt, kann man normalerweise entscheiden, ob man dessen Probleme auch nach der Schule noch ertragen möchte. Durch die ständige Erreichbarkeit mittels Messenger und Klassenchat ist das Abschalten für Jugendliche in ihrer Freizeit oft nicht einfach möglich und erfordert mitunter Unterstützung durch die Eltern.

Checkliste für Eltern

- Legen Sie mit Ihrem Kind Auszeiten fest.
- Kontrollieren Sie, dass Smartphone und Computer über Nacht nicht im Kinderzimmer verbleiben.
- Seien Sie achtsam, wenn Ihr Kind von sozialen Problemen berichtet, und bedenken Sie das Konzept „Digital Detox" zur Entschärfung des Problems.
- Regelverstöße (Zugriff Ihres Kindes auf das Smartphone während vereinbarter Auszeiten) können auf Streitigkeiten hindeuten. Suchen Sie daher bei der Durchsetzung von Strafen immer auch ein Gespräch, um Ursachen zu ermitteln; siehe auch Kapitel „Hilfen für Eltern" (⇨ Seiten 45–54).

Checkliste für Schüler*innen

- Lass dein Smartphone nachts nicht im Zimmer.
- Schalte nervige App-Benachrichtigungen aus.
- Schalte nervige Gruppen stumm und blockiere unliebsame Kontakte.
- Hab auch mal Langeweile – such dir Hobbys ohne digitale Technik.
- Leg das Smartphone weg, wenn du dich im echten Leben unterhältst (zum Beispiel beim Essen) und gönn dir auch mal eine Auszeit.
- Bestätige nicht jede Kontaktanfrage.
- Teile keine Kettenmails.

4.2 Passwortsicherheit beachten

> **Checkliste für Schüler*innen**
>
> - Achtet besonders auf ein gutes Passwort (www.verbraucherzentrale.de ⇨ Suchwort „Passwort") zum Schutz eurer E-Mail-Adresse. Wird euer E-Mail-Account geknackt, kann eine Angreifer*in durch die Passwort-vergessen-Funktion die Passwörter eurer anderen Accounts ändern und übernehmen.
> - Nutzt auch überall sonst Passwörter, die nicht erraten werden können.
> - Falls ein Dienst persönliche Sicherheitsfragen für das Rücksetzen von Passwörtern verwendet, nehmt keine Antworten, die anderen bekannt sein können.
> - Schützt euch vor mobilen Hackern. Seid ihr unterwegs und verwendet ihr passwortgeschützte Onlinedienste, so solltet ihr dies nicht über ein offenes WLAN tun. Deaktiviert am Besten euer WLAN in der Öffentlich-keit und verbindet euch nur mit vertrauenswürdigen WLAN-Zugängen.

4.3 Missverständnisse – Vorstufe zu Mobbing – vermeiden

Jegliche Kommunikation hat zwei Seiten. Stellen wir uns eine Münze vor, die wir nicht wenden können – wir sehen immer nur eine Seite der Mün-ze. Diese Seite zeigt, wie wir uns selbst sehen. Jede Aussage und jeden Kommentar, den wir von uns geben, sehen wir auf diesem Teil der Mün-ze gespiegelt. Unsere Mitmenschen sehen aber nur den anderen Teil der Münze. All unsere Aussagen haben für sie einen anderen Inhalt, werden anders interpretiert, als wir sie gemeint haben. Eine 100-prozentige Über-einstimmung der beiden Seiten der Münze wird es nicht geben. Auch wir sehen von unseren Mitmenschen immer nur eine Seite ihrer Münze.

Kommunikation läuft verbal und nonverbal ab. Das kann bei der Schrift-form zu Schwierigkeiten führen, weil hier Gestik, Mimik und Stimmlage nicht „mitgeliefert" werden.

Groß ist die Gefahr, dass Aussagen fehlinterpretiert oder gar als Angriff gewertet werden. Ironie, zum Beispiel, ist in schriftlicher Form wesentlich schwerer zu erkennen als mündlich, wenn man die Sprecher*innenstimme hört.

Dieses Problem wird im Internet verstärkt: Der Austausch von Aussagen – Texten und Bildern! – findet sehr schnell statt, es besteht die Gefahr, auf missverstandene Aussagen aggressiv zu reagieren, was dann zu Streit und Beleidigungen führen kann. Findet dies in einem Chat mit mehreren Teilnehmer*innen statt, kann es schnell vorkommen, dass sich einzelne Personen gemobbt fühlen. Diese Missverständnisse können auch durch eine unterschiedliche Interpretation von Emojis entstehen.

Um diese Gefahr zu mindern, bleibt nur, beim eigenen Verhalten anzufangen:

Checkliste für Schüler*innen

- Versuche sicherzustellen, dass dein Gegenüber deine Aussage so versteht, wie du sie gemeint hast: z. B. mit Emojis. Aber Achtung: Missverständnisse können auch durch eine unterschiedliche Interpretation von Emojis entstehen. Sogar die Farbwahl eines Herz-Emojis kann unterschiedlich interpretiert werden.
- Wenn du irritiert bist, weil eine Aussage so gar nicht zu deinem Gegenüber passt, oder wenn du dich verletzt fühlst: Sage deinem Gegenüber, was du verstanden hast, und frage, ob es wirklich so gemeint war.

4.4 Vor Cyber-Mobbing schützen

Formen des Mobbings und Cybermobbings sind vielfältig:

Nun haben wir viel über Missverständnisse und Kommunikationsprobleme als Ursache für Mobbing gesprochen. Das Vermeiden von Missverständnissen ist ein wesentlicher Schritt zur Vermeidung des „Sich-gemobbt-Fühlens". Es hilft jedoch nicht gegen ernstgemeintes Mobbing. Schauen wir uns also an, wie wir reagieren können, wenn es ernst wird.

Checkliste für Eltern

- Jugendliche und Kinder verarbeiten Stress anders, als wir dies in der Regel im Erwachsenenalter tun. Oftmals sprechen sie ihre Probleme nicht an, sondern verhalten sich in Alltagssituationen gereizt, aggressiv und anfeindend. Versuchen Sie, nicht auf diese Anfeindungen einzugehen, sondern suchen Sie im geduldigen Gespräch mit Ihrem Kind nach den wahren Ursachen hinter seinem Verhalten.
- Üben Sie mit Ihrem Kind gemäßigte Reaktionen auf Anfeindungen (⇨ siehe Checkliste für Schüler*innen).
- Teilen Sie auf Ihren sozialen Profilen keine Bilder ihrer Kinder.
- Diskutieren Sie mit Ihrem Kind das Thema „Digitaler Zwilling" (⇨ Seiten 73 f.).

Checkliste für Schüler*innen

Werde kein Opfer – beuge vor! Bleibe kein Opfer – wehre dich!

- Reagiere überlegt – oder gar nicht! – auf Angriffe. Du machst dich sonst angreifbar und bist für Trolle ein „gefundenes Fressen". Bist du nicht reizbar, verliert man schnell die Lust, dich zu ärgern. Nimm dir die Zeit, dich zu beruhigen und eine coole Antwort zu finden. Du kannst auch erst mit Eltern oder Freund*innen sprechen. Keine Antwort ist auch o. k.
- Versende nur Bilder von dir, die du auch auf eine öffentliche Plakatwand drucken würdest. Alle anderen Bilder behältst du für dich privat, teilst sie nicht und versendest sie nicht an Freund*innen.
- Schütze einzelne Apps mit jeweils einem Passwort oder Muster. Bietet dein Smartphone diese Funktion nicht von Haus aus, so gibt es dafür auch spezielle Apps, mit denen man den Zugriff auf einzelne Apps schützen kann – zum Beispiel die App „Norton App Lock".
- Reagiere nicht auf Trolle. Wenn du etwas für die Allgemeinheit teilst, reagiere niemals auf Beleidigungen oder unbegründete Kommentare. Trolle werden alle deine sinnvollen Argumente gegen dich verwenden, lass dich also nicht auf Diskussionen ein.
- Viele Dienste bieten es auch an, die Kommentarfunktion unter geteilten Inhalten zu deaktivieren. Das solltest du nutzen, um Beleidigungen und Trolle auszusperren.

Werde keine Täter*in!

- Behandle Fotos, Nachrichten und Screenshots anderer erst einmal vertraulich. Leite sie nur mit deren Einverständnis weiter. Achte die Privatsphäre und das Briefgeheimnis der anderen.
- Schreibe eindeutig verständliche Texte. Unterlasse sarkastische Bemerkungen. Vermeide Ironie oder mache sie durch Smileys kenntlich. Frage bei einer unerwarteten Reaktion auf Nachrichten nach und entschuldige dich.
- Besprich Probleme immer erst persönlich mit den Betroffenen. Betreibe kein Gossip – sprich also nicht schlecht über andere, wenn diese abwesend sind.
- Mache dir immer selbst ein Bild. Glaube nicht alles, was du durch Hörensagen von anderen erfährst.
- Schreibe keine Beleidigungen unter Posts.

4.5 Kommunikation absichern

Messenger-Apps sind im Allgemeinen mit Altersfreigaben versehen (⇨ Seiten 75 Messenger-Dienste und 76 EU-Verordnung). Das Mindestalter ist jedoch mitunter nicht leicht zu prüfen.

Während meiner Arbeit an diesem Buch ist mir im Frühjahr 2021 aufgefallen, dass die USK-Angabe für das empfohlene Mindestalter im Google-Playstore scheinbar für alle Messenger auf 0 Jahre heruntergesetzt wurde. Um hier Klarheit zu schaffen, habe ich mich mit einer Anfrage an die Beschwerdestelle gerichtet. Deren Antwort (⇨ Seite 155) hat selbst mich mehr als verblüfft. Die Eingruppierung der USK im Appstore bezieht sich laut Argumentation der Beschwerdestelle auf das bloße Herunterladen der App. Die Verwendung dieser App kann einer anderen Altersbeschränkung unterliegen. Als Eltern wird es einem hier nicht leicht gemacht. Die sicherste Quelle für geltende Altersbeschränkungen ist somit ein Blick in die allgemeinen Geschäftsbedingungen der jeweiligen App. Auch eine gezielte Suche im Internet sollte diesbezüglich verlässliche Informationen liefern. Nutzer*innen sollten darauf achten, dass sie bei der Benutzung von Messengern durch den deutschen Datenschutz geschützt werden (siehe auch ⇨ Seiten 156 f.).

Eine kleine Auswahl alternativer Messenger:

- **Threema:** Kostenpflichtiger Messenger. Die Kommunikation ist verschlüsselt, Gesprächsprotokolle verbleiben nur auf dem lokalen Endgerät. Eine Verwendung vom PC aus ist ebenfalls möglich.
- **Signal:** Quelloffener Messenger mit Ende-zu-Ende-Verschlüsselung.
- **Confide:** Ende-zu-Ende verschlüsselter Messenger, der Nachrichten nur durch zeilenweises Wischen anzeigt und nach einmaligem Lesen löscht. Das Weiterleiten von Nachrichten oder Screenshots ist somit nicht möglich. Confide gibt es in kostenfreier und kostenpflichtiger Variante.
- **Pix-Art:** Auf XMPP basierender Messenger. Somit kann der Standort des Servers frei gewählt werden. Es gibt eine ganze Liste sicherer XMPP-Server mit Standort in Deutschland: https://list.jabber.at/
- **Conversations:** Auf XMPP basierter Messenger – vgl. Pix-Art.
- **Telegram:** Plattformübergreifender Messenger mit optionaler Ende-zu-Ende-Verschlüsselung in privaten Chats. Bietet Gruppenchats mit Nachtruhe und Moderation. Kann auch auf Windows-PCs verwendet werden.

Checkliste für Eltern

- Achten Sie darauf, dass Ihr Kind nur Messenger verwendet, die die entsprechende Altersfreigabe besitzen.
- Falls im Klassenverband bedenkliche Messenger verwendet werden, suchen Sie das Gespräch mit Lehrer*innen oder der Elternvertretung. Finden Sie eine Lösung, die den Klassenzusammenhalt nicht negativ beeinflusst und trotzdem ein angemessenes Maß an Jugendschutz gewährleistet. Sinnvoll sind u. a. Messenger, in denen für Gruppen eine Nachtruhe eingerichtet werden kann, z. B. Telegram.
- Klären Sie im Rahmen einer Elternversammlung, dass die Eltern des Klassenverbandes sich auf einen zu verwendenden Messenger festlegen. Denken Sie daran: Nur wenn die Schüler*innen ihre Freund*innen über den Messenger erreichen können, werden sie den Wechsel auf einen geeigneten Messenger akzeptieren.

Checkliste für Schüler*innen

- Versendete Fotos können von anderen weitergeleitet oder veröffentlicht werden. Teilt nur Fotos, die auch öffentlich in einer Zeitung abgedruckt werden könnten.
- Gebt eurem Messenger nur die Rechte, die er wirklich immer benötigt. Die Rechte könnt ihr in den Einstellungen eures Smartphones ändern (⇨ Seite 134 f.).
- Falls euer Smartphone das unterstützt: Achtet darauf, dass euer Messenger erst fragen muss, wenn er auf euren Status, euer Mikrofon oder eure Kamera zugreift. Damit verhindert ihr versteckte Spionage durch Schadsoftware oder Stalking.
- Verwendet verschiedene Messenger für verschiedene Dinge. Wenn ihr ein Foto versenden müsst, das nicht weitergeleitet werden darf, dann könnt ihr dafür einen speziellen Messenger verwenden.

4.6 Tracking einschränken

Checkliste für Eltern

- Überprüfen Sie gemeinsam mit Ihren Kindern regelmäßig die installierte Software auf deren Geräten. Deinstallieren Sie unbenutzte Software.
- Installieren Sie einen Malware-Scanner (zum Beispiel Malwarebytes) auf den Geräten Ihrer Kinder und führen Sie regelmäßig einen Scan durch.

Checkliste für Schüler*innen

- Schaltet die Standortbestimmung des Smartphones nur ein, wenn diese benötigt wird.
- Teilt euren Standort nur so lange, wie ihr es müsst.
- Installiert nur Apps, die ihr benötigt, deinstalliert Apps, die ihr nicht benötigt.
- Gebt den installierten Apps nur die Rechte, die ihr ihnen geben möchtet.
- Hinweis: Es kann sein, dass eine App nur funktioniert, wenn sie alle verlangte Rechte erhält und sich ansonsten nicht starten lässt. In so einem Fall am besten der App misstrauen – das betrifft z. B. den dauerhaften Zugriff von Messengern auf Kamera, Mikrofon und Position. Diese Rechte sollten nur aktiviert werden, wenn die jeweiligen Funktionen auch wirklich benötigt werden.
- Bei Android können die Rechte von Apps unter „Einstellungen ⇨ Apps und Benachrichtigungen ⇨ App-Berechtigungen" überprüft und geändert werden.
- Gebt Apps keine Administrator-Rechte. Diese Rechte erlauben Apps einen umfangreichen Zugriff auf euer Smartphone. Details zeige ich noch einmal im Tutorial „Spyware entdecken" (⇨ Seite 133).
- Installiert einen sicheren Browser – zum Beispiel den Epic privacy Browser.

Checkliste für Schüler*innen

- Für ein verschleiertes Surfen im Netz kann der Onion Browser verwendet werden, der den Internetzugriff über das Tor-Netzwerk routet. Das Tor-Netzwerk ist eine von der NSA entwickelte Technik zur Anonymisierung von Internetverbindungen. Der Zugriff wird dabei verschlüsselt über verschiedene Server geroutet, bis er beim Ziel ankommt. Surfen wird damit potenziell etwas langsamer, jedoch bietet das Tor-Netzwerk einen wirksamen Schutz.

- Schaltet WLAN nur ein, wenn ihr euch bei einem vertrauenswürdigen Hotspot[11] befindet. Oder: Prüft, wie ihr in eurem Smartphone ein automatisches Verbinden zu unbekannten Hotspots verbieten könnt.

- Bei Verdacht: Überprüft euer Smartphone auf bekannte Spyware. Wie das geht, findet ihr im Praxisteil (⇨ Seite 133).

- Nutzt das Inkognito-Fenster, auch bekannt als anonymes Fenster o. Ä. Das ist eine Funktion des Browsers, bei der der Browser den Verlauf nicht speichert. Andere Verwender eures Computers können später nicht einfach im Verlauf des Browsers nachschauen, welche Webseiten ihr besucht habt. Zusätzlich sendet der Browser „do not track". Dies teilt dem Webserver euren Wunsch mit, dass ihr nicht getrackt werden möchtet. Dafür, dass sich der Webserver daran hält, gibt es jedoch weder eine technische noch eine gesetzliche Garantie.

4.7 Digitale Identität schützen

Hinweise für Eltern: Denken Sie daran, dass alle online abgespeicherten Daten potenziell zu Nutzerprofilen zusammengefasst und genutzt werden. Dabei sind Begrifflichkeiten wie „Speichern in der Cloud" und „Synchronisieren mit der Cloud" gleichbedeutend. Wir erinnern uns: Cloud ist nur ein anderer Begriff für den Computer von jemand anderem (⇨ Seite 28). Dies trifft besonders bei persönlichen Daten zu. Hinweisen möchte ich speziell auf den Trend, dass auch medizinische Daten mit ausländischen Diensten synchronisiert werden. In Deutschland gilt für Ärzt*innen die Pflicht, für Patient*innendaten einen Datenschutz auf einem Niveau umzusetzen, welches militärischem Standard entspricht. Nutzen Sie daher niemals leichtsinnig nicht-staatliche oder ausländische Dienste, um medizinische Daten (zum Beispiel DNA-Proben) zu analysieren und zu speichern.

Checkliste für Schüler*innen

- Achtet auf die Passwortsicherheit (⇨ Seite 84).

4.8 Vor Spyware schützen

Wer direkten Zugang zu einem Smartphone hat, kann eine Spionage-App, also Spyware installieren. Direkter Zugang heißt, dass er das Passwort des Smartphones kennt. Spyware gibt Angreifer*innen permanent vollen Zugriff auf das Smartphone des Opfers: unbemerkt Kamera und Mikrofon einschalten und die Umgebung aufnehmen, Telefonate mithören, Chats mitlesen und den Standort bestimmen. Die Angreifer*innen können sich auch alarmieren lassen, wenn das betreffende Smartphone einen bestimmten Standort verlässt oder erreicht. Zur Standortbestimmung der Kinder kann derartige Software – in Absprache mit ihnen – durchaus sinnvoll sein (⇨ Seite 66).

Checkliste für Schüler*innen und Eltern

Um das ungewollte Aufspielen von Spyware zu verhindern,
- sperrt das Smartphone mit einem sicheren Muster,
- lasst das Smartphone nicht unbeaufsichtigt herumliegen,
- verbietet über die Einstellungen eures App-Stores (⇨ Seiten 133) das Installieren von Fremdsoftware.

Falls ihr einen Verdacht habt oder bemerkt, dass das Smartphone langsamer ist als normal, dann:
- sucht im Internet nach aktuell gängigen Spionage-Apps und schaut, ob ihr Informationen findet, wie ihr diese enttarnen könnt,
- prüft in den Einstellungen, welche Apps installiert sind,
- schaut zusätzlich nach, welche Apps Administratorrechte haben – das sollte bei einem normalen Android nur die App „Mein Gerät finden" sein (Einstellungen ⇨ Sicherheit und Standort ⇨ Geräteadministratoren).

4.9 Achtsam sein – Mein Internet ist komisch!

Ziemlich offensichtlich ist ein Virus, das den Computer so beschädigt, dass gar nichts mehr geht, oder direkt zur Zahlung auffordert. Schwieriger zu erkennen sind Malware und andere Schadsoftware, die sich einfach durch „komisches Verhalten" äußern. Mir sind dabei schon die eigenartigsten Dinge untergekommen. Zum Beispiel:

- Auf Google werden nur ausländische – z. B. russische – Suchergebnisse angezeigt.
- Auf Google werden großteils pornografische oder seltsame[12] Suchergebnisse angezeigt.
- Beim Öffnen einer Webseite öffnen sich automatisch weitere Seiten oder Fenster.
- Die Startseite des Browsers hat sich geändert.
- Die Einstellungen vom Browser können nicht mehr geöffnet werden.
- Eine Google-Suche nach Virenscannern ergibt keine Treffer.
- Webseiten bekannter Virenscanner lassen sich nicht mehr öffnen.

Das ist nur eine kleine Liste an Möglichkeiten, die verdeutlichen soll, was ich unter „komischem Verhalten" verstehe. Solches Verhalten ist ein deutliches Zeichen, dass irgendetwas nicht stimmt. Befolgt jetzt streng folgende Hinweise:

Checkliste für Schüler*innen

- Gebt auf gar keinen Fall Log-in-Daten wie Passwörter, Nutzernamen und E-Mail-Adressen auf Webseiten im Browser ein – selbst, wenn diese vertrauenswürdig aussehen.
- Gebt auf gar keinen Fall eure Kontodaten auf Webseiten ein – selbst, wenn diese vertrauenswürdig aussehen.
- Loggt euch nicht bei Onlinebanking-Diensten ein.
- Ladet mit dem infizierten Browser keine Software herunter, auch keine Virensoftware.

Checkliste für Schüler*innen

Je nachdem, was ihr euch eingefangen habt, kann die Behebung einfach oder schwierig werden. Ein paar einfache Schritte zur Selbsthilfe liste ich hier auf. Sollten diese nicht funktionieren, fragt eine Expert*in.

- Macht einen manuellen kompletten Scan mit dem installierten Virenscanner. Löscht alle gefundenen Bedrohungen oder verschiebt diese in Quarantäne. Startet anschließend den Computer neu und scannt den Computer erneut. Wenn jetzt noch Bedrohungen gefunden werden, holt eine Expert*in dazu.
- Überprüft die installierten Plug-ins in eurem Browser (⇒ Seite 136). Solltet ihr die Einstellungen des Browsers nicht öffnen können (der Browser leitet zum Beispiel automatisch auf eine andere Seite um), dann deinstalliert den Browser komplett. Deaktiviert/deinstalliert alle Add-ons und Plug-ins, die ihr nicht selbst wissentlich installiert habt. Oft tragen diese wichtig klingende Namen, wie Bezeichnungen von Suchmaschinen oder Sicherheitssoftware. Im Zweifel löscht alle von ihnen – ihr könnt den Browser dadurch nicht kaputt machen. Manche Plug-ins verstecken sich auch in der Adressleiste des Browsers als farblose Schaltflächen, die nur sichtbar werden, wenn man die Maus zufällig darüber bewegt. Diese kann man meist durch das Mausmenü (Rechtsklick) deinstallieren.
- Könnt ihr nicht alle Plug-ins im Browser löschen, so deinstalliert den betreffenden Browser. Ihr könnt auf einem PC einen portablen Browser (zum Beispiel Firefox portable oder Opera portable) herunterladen. Diese Browser funktionieren ohne Installation. Kopiert ihn auf einen USB-Stick und verwendet ihn auf dem betroffenen Computer, um einen neuen Browser und Virensoftware herunterzuladen und zu installieren.
- Für Expert*innen: Ist das Problem immer noch nicht behoben, muss zusätzlich die Firmware des Routers geprüft werden. Hierzu empfiehlt es sich, über eine andere Internetverbindung (zum Beispiel über einen Hotspot und mobile Daten oder beim Nachbarn) die aktuelle Firmware des Routers aus dem Internet herunterzuladen und diese dann daheim manuell aufzuspielen. Ist der Router aus dem Heimnetzwerk nicht mehr erreichbar – auch nach einem Werksreset nicht –, sollte er nicht mehr verwendet und der Hersteller kontaktiert werden.

4.10 Vor Schadsoftware schützen

Lasst es erst gar nicht so weit kommen, dass euer Internet „komisch" wird: Haltet euch an die üblichen Verhaltensregeln bei der Arbeit im Internet.

Checkliste für Schüler*innen

- **Updates:** Haltet euren Browser, eure Apps, das Betriebssystem (Android, Windows, iOS …) immer auf dem neusten Stand. Auch wenn Updates Zeit benötigen – das Entfernen von Schadsoftware nervt mehr!
- **Virenscanner:** Auch Sicherheitssoftware birgt potenzielle Sicherheitslücken. Daher kann ich keine Software ausdrücklich empfehlen. Eine gute Übersicht bietet bundespolizei-virus.de/virenscanner – aber: immer auf Updates prüfen, nicht einfach das billigste Produkt wählen.
- **Adblocker:** Schadsoftware verbreitet sich gerne über Bilder oder Skripte in Werbeanzeigen. Gerade auf Webseiten, die ungeprüfte Werbung von Drittanbietern anzeigen – wie dubiose Streamingdienste, Seiten für Raubkopien, gratis Onlinespiele oder Ähnliches –, sind häufig infizierte Werbeeinblendungen zu finden. Ein Adblocker kann helfen, diese Werbung gar nicht erst zu laden. Ich sehe das Geschäftsmodell von kostenlosen Werbeblockern jedoch kritisch, da sie sich teilweise von werbetreibenden Unternehmen bezahlen lassen, um bestimmte Werbeeinblendungen nicht herauszufiltern. Effektiver, aber eher etwas für Expert*innen, ist die Installation von Pi-hole – eine freie Software, mit der man Werbung für alle Geräte im Heimnetzwerk blockieren kann.
- **Bleibt cool:** Habt ihr schon einmal plötzlich aufblinkende Warnmeldungen erlebt: „Achtung! Virus entdeckt! Hier klicken zum Bereinigen!"? Solch eine Meldung ist eine Täuschung, sie hat nichts mit eurem Computer zu tun! Wenn ihr der Aufforderung folgt, dann erst installiert ihr dadurch die Schadsoftware. Also: Nicht anklicken! Im Zweifelsfall
- **Browser schließen.** Bekommt ihr das Fenster nicht geschlossen, über den Taskmanager (gleichzeitig die Tasten: „Strg", „Alt", „Entf" drücken ⇒ Taskmanager) den Browser beenden oder den Computer neu starten.
- **Manuell mit einem Virenscanner** auf dem Computer einen Suchlauf starten. Ist kein Virenscanner installiert, kann man auch Malwarebytes herunterladen und verwenden.

Checkliste für Schüler*innen

- **Installiert nur Ausgewähltes:** Gratis-Software finanziert sich teilweise damit, dass während des Installationsprozesses weitere Software installiert werden soll (Browser-Toolbars, Virenscanner usw.), die aber für die gewünschte Software gar nicht benötigt wird. Um das zu vermeiden, lest jede einzelne Seite sorgfältig durch. Wenn diese eine Beschreibung für eine andere Software beinhaltet, findet man oft eine Option, um diese nicht zu installieren: eine kleine Checkbox oder eine Ablehnen- bzw. Decline-Schaltfläche. Solche Auswahlmöglichkeiten sind oft etwas versteckt oder ausgegraut dargestellt. Manchmal muss man sogar das Setup über die Schließen-Schaltfläche beenden, was jedoch nur das Setup der unerwünschten Software überspringt. Die gewünschte Installation geht anschließend normal weiter. Im Zweifelsfall brecht die Installation ab und informiert euch über alternative Software.

- **Durchschaut Lockmittel:** Werbung, die verspricht, reich zu werden, Gewinnspiele, nackte Menschen und Gratisangebote – all das sind Lockmittel, um euch auf dubiose Angebote zu leiten, eure Daten zu erfassen, euch Schadsoftware zuzuspielen oder mit Werbung zu überschütten. Nichts ist kostenlos – am Ende verdient jemand Geld an euch!

- Auch Anzeigen mit Übertreibung sind sehr populär: „Dieses Spiel hält Deutschland nächtelang wach." Am besten: Ignoriert solche Meldungen und verbreitet sie keinesfalls weiter.

- **Registriert euch nicht überall:** Denkt immer mehrmals nach, bevor ihr eure E-Mail-Adresse angebt. Wenn ihr euch unsicher seid, legt eine eigene E-Mail-Adresse für solche Aktivitäten an. Ansonsten kann euer Postfach sehr schnell mit Werbung und Spam überschüttet werden.

- **Speichermedien nur aus sicherer Quelle:** Technisch sind die Systeme durch Virenscanner und Firewalls gut geschützt. Das größte Sicherheitsrisiko ist der Mensch! Hacker*innen sind deshalb dazu übergegangen, Angriffe direkt über die Menschen durchzuführen, indem sie zwischenmenschliche Beziehungen ausnutzen (social engineering): Ein zugesteckter USB-Stick von einer erst seit Kurzem bekannten Personen, eine gebrannte CD oder Speicherkarte oder eine E-Mail mit Anhang – all das kann genügen, um ein Virus zu installieren. Auch im Internet günstig bzw. gebraucht gekaufte Speichermedien können Viren enthalten.

4.11 Anonyme Straftäter*innen abwehren

Checkliste für Eltern

- Bei Beleidigungen, Hatespeech oder sonstiger Belästigung: Melden Sie dem Ansprechpartner der Webseite (⇨ Seiten 40 und 127) die Nutzer*in, wenn es diese Funktion gibt.
- Andernfalls: Suchen Sie im Impressum der Webseite nach einer Kontaktmöglichkeit zum Betreiber und kontaktiert diesen. Bei US-amerikanischen Diensten ist ein direkter Kontakt meist schwierig. Bei deutschen Webseiten finden Sie meist zusätzlich einen Jugendschutzbeauftragten.

Impressum

VERANTWORTLICH FÜR DEN INHALT:

Quoka GmbH ("Quoka")
Harrlachweg 3
68163 Mannheim

Kontakt (keine Anzeigenannahme):
Webmaster-Team: 0900 5 / 15 17 17 (EUR 0,72 / Min. aus dem dt. Festnetz, abweichende Mobilfunktarife, Quoka). Du erreichst unser Webmaster-Team von Montag bis Donnerstag von 9:00 Uhr bis 12:00 Uhr sowie von 13:00 Uhr bis 15:00 Uhr telefonisch
Fax: +49 06216/3748819
E-Mail: webmaster@quoka.de

Handelsregister: AG 64283 Darmstadt
Handelsregisternummer: HRB 61482
Umsatzsteueridentifikationsnr.: DE175 723 521

Vertreten durch ihre Geschäftsführer: Thomas Brückmann, Daniel Zutavern

JUGENDSCHUTZBEAUFTRAGTER GEMÄSS § 7 JMSTV:

Rechtsanwalt Marko Dörre
Marienstraße 8, 10117 Berlin
Tel: +49 030/400 544-99 (keine Rechtsberatung)
Internet: www.doerre.com

- Schreiben Sie auch diesen an. Melden Sie, was geschehen ist, und nennen Sie die Profilnamen der beteiligten Nutzer*innen.
- Melden Sie den Vorfall bei der Internet-Beschwerdestelle: www.internet-beschwerdestelle.de
- Bei Straftaten: Die meisten Bundesländer haben bereits eine Online-Wache. Dort können Sie online Strafanzeige stellen. Sie können das Onlineangebot der Polizei eines beliebigen Bundeslandes wählen. Die Strafanzeige wird dann intern an die Richtige Zweigstelle weitergeleitet. Suchen Sie im Internet einfach nach „Onlinewache".

Checkliste für Schüler*innen

- Droht eine Chat-„Freund*in", den Kontakt abzubrechen, wenn ihr bestimmte Dinge nicht tut: Brecht den Kontakt selbst sofort ab.
- Kommt euch etwas seltsam vor? Hört auf euer Bauchgefühl! Vor allem bei sexuell orientierten Wünschen oder Kontaktanfragen: Seid mutig und redet mit euren Eltern.
- Verbietet Anrufe und Nachrichten von Fremden in eurem Messenger – dann erreichen euch über den Messenger nur diejenigen, die ihr unter Kontakten gespeichert habt. Die meisten Messenger bieten diese Optionen in ihren Einstellungen.
- Teilt Fotos nur mit Personen, die ihr auch im Reallife kennt.
- Sprecht mit euren Eltern, bevor ihr Online-Freunde das erste Mal im Reallife trefft. Teilt euren Eltern Uhrzeit und Ort mit.
- Und falls doch etwas passiert ist: Seid mutig und sprecht mit euren Eltern.

4.12 Verdächtige E-Mails erkennen und richtig reagieren

Meiner Erfahrung nach sind E-Mails bei den Schüler*innen nicht mehr weit verbreitet. Trotzdem ist eine E-Mail-Adresse noch immer wichtig: beim Onlineshopping oder für das Anlegen von Accounts. Android-Smartphones kann man nicht ohne ein Google-Konto mit zugehöriger E-Mail-Adresse verwenden. Dieses Konzept gewinnt auch bei Microsoft Windows zunehmend an Bedeutung. Daher werden Schüler*innen mit hoher Wahrscheinlichkeit mit dem Zugang zum Internet auch ein eigenes E-Mail-Konto verwenden. Bösartige E-Mails zu erkennen ist daher von großer Bedeutung. In den Übungen „Wir tarnen einen Link" (⇨ Seite 131) und „Wir tarnen einen Absender" (⇨ Seite 132) zeige ich, wie man ganz einfach einen Link oder den Absender einer E-Mail fälschen kann.

Checkliste für Schüler*innen

Die Regeln, die vor Schadsoftware schützen, gelten auch beim Schutz vor schädlichen E-Mails. Sicher ist sicher: Löscht alle E-Mails, die
- euch Reichtum versprechen (indem euch jemand Geld überweisen will oder Ähnliches);
- euch als Gewinner*in einer Lotterie ansprechen;
- euch auffordern, zwingend eure Passwörter zu ändern oder euer Konto zu überprüfen;
- euch Mahnungen zuschicken, obwohl ihr nichts gekauft habt (andernfalls geht mit dem Browser direkt in den Onlineshop, in dem ihr eingekauft habt, und schreibt dort der Verkäufer*in eine Nachricht, fragt direkt, ob die Rechnung/Mahnung echt ist);
- euch direkt ansprechen und euch auf ein Profil locken wollen (zum Beispiel mit dem Versprechen auf eine heiße Nacht).

Also: Immer dann, wenn eine E-Mail offensichtlich oder vermutlich Spam ist, löscht ihr sie.
- Niemals auf eine Spammail antworten – damit bekommt der Absender mit, dass ihr diese E-Mails lest, und ihr werdet mehr Spam erhalten!
- Niemals einen Anhang öffnen!
- Niemals einen Link in der E-Mail anklicken!

4.13 Gegen Fakes schützen

Uns bleibt – wie immer – nur das kritische Hinterfragen und der eigene Verstand: „Zweifel ist kein angenehmer Zustand, Gewissheit jedoch absurd" (Voltaire, 1694–1778).

Checkliste für Schüler*innen

- Entscheidet: Sind die Informationen geeignet, euch und euer direktes Umfeld zu beeinflussen?
- Nein? Dann ignoriert die Information!
- Ja? Hinterfragt die Information: Werden die Fakten durch unterschiedliche Medien belegt? Wie berichten Medien aus anderen Ländern über die Ereignisse? Könnt ihr vergleichen und euch ein eigenes Bild machen?

4.14 Datenklau verhindern

Jeder Speicherort für Daten ist prinzipiell unsicher und jedes Computer-system kann gehackt werden. Daher gilt: Je mehr Diensten wir unsere Da-ten anvertrauen, desto höher sind die Risiken.

Keine App ist wirklich kostenlos (⇨ Seite 42). Fast jede installierte App be-sitzt eine Online-Verbindung, über die Daten transferiert werden – zum Beispiel bei
- Online-Backup,
- Synchronisation mit Kontakten,
- Speicherplatz in der Cloud (⇨ Seite 92),
- Gewinnspielteilnahme und vielem mehr.

Checkliste für Schüler*innen

Behaltet die Kontrolle:
- Legt eine E-Mail-Adresse an, die ihr nur für unwichtige Apps nehmt. Es sollte euch nicht schwerfallen, diese E-Mail-Adresse wieder abzumel-den, ohne den Zugriff auf wichtige Dienste zu verlieren.
- Auch wenn ihr euch im Internet bei Foren oder Communitys anmeldet: Verwendet dort ebenfalls eine andere E-Mail-Adresse als für wichtige Dienste. E-Mail-Adressen, die online öffentlich sind, werden schnell automatisch in Botnetzwerken als Spam-Empfänger aufgenommen.
- Überprüft vor der Installation einer App, auf welche Daten[13] sie zugrei-fen möchte. Diese Information findet ihr zum Beispiel im Play-Store, wenn ihr auf der Seite der Details der App ganz nach unten scrollt und dort „weitere Informationen" zu den App-Berechtigungen anzeigt.
- Nehmt lieber eine App, die kein Online-Konto benötigt. Um zum Bei-spiel einen Kalender, Notizzettel oder Ähnliches auf dem Smartphone zu verwalten, sollte man keine E-Mail-Adresse benötigen. Sucht nach Offline-Apps, die nur das tun, was ihr benötigt.
- Deinstalliert unbenutzte Apps sofort.

Checkliste für Schüler*innen

Behaltet die Kontrolle:

- Wenn ihr dem Dienst nicht vertraut, der Versuchung dennoch nicht widerstehen könnt: Gebt nur die benötigten Daten ein (meist mit * gekennzeichnete Felder) und ignoriert die freiwilligen Angaben so weit wie möglich.
- Auch bei benötigten Feldern: Versucht es erst mal mit erfundenen Angaben. Telefonnummern zum Beispiel müssen in den seltensten Fällen der Realität entsprechen. Oft werden diese später nur zu Werbezwecken verwendet.
- Um direkten Zugriff auf eure Daten zu verhindern – wenn euch zum Beispiel das Smartphone aus der Hand genommen wird –, kann zusätzlich zur normalen Passwortsperre ein zusätzlicher Zugriffsschutz für das Öffnen von Apps erstellt werden. Dies bietet zum Beispiel die App „Norton App Lock".
- Die billigsten Angebote für Webcams, USB-Sticks etc. beinhalten gelegentlich bereits beim Kauf eine Hintertür oder Schadsoftware. Kauft im Zweifelsfall lieber von bekannten Hersteller*innen und Händler*innen.

5 Digitalisierung im Unterricht

Sowohl Medienbildung als auch technische Bildung, d. h. Informatik sowie Bedienung, Konfiguration und Entwicklung digitaler Medien, erweitern den Lehrplan in Richtung Digitalisierung. Dass „Lehrplan" hier noch einmal separat thematisiert wird, hat mit dem zu tun, was ich unter Nachhaltigkeit verstehe. Es geht nicht darum, Lehrpläne als solche infrage zu stellen – die zu vermittelnden Inhalte, Methoden, Kompetenzen u. dgl. sind richtig und wichtig. Mit Blick auf die zunehmend digitalisierte Lebenswelt der Schüler*innen sind jedoch Aufgabenstellungen, Erklärungen u. dgl. oftmals aus der Zeit gefallen. Bevor ich diese Aussage erläutere, wage ich einen kurzen Abstecher in die Motivationspsychologie.

5.1 Säulen der Motivation

Wie kann Motivation von Schüler*innen im digitalen Zeitalter aussehen?

Daniel Pink ist ein Forscher für Motivationspsychologie. Auf seinem Motivationskonzept basiert die Arbeitsweise von kreativen Entwicklungsteams in den meisten modernen Unternehmen. Die Frage, die er sich stellt, ist: Was motiviert eine Entwickler*in zu Bestleistungen? Ein externer Anreiz (extrinsische Motivation) in Form von Geld (oder Schulnoten) ist nicht ausreichend. Ganz im Gegenteil – eine Erhöhung des Gehalts ohne bessere Arbeitsleistung kann sich sogar negativ auf die Motivation auswirken!

Mithilfe seines Konzepts (Pink 2011) wollen wir uns anschauen, wie die Motivation von Mitarbeiter*innen erfolgreicher Projektteams funktioniert. Diese beruht auf drei Säulen:

- Eigenverantwortung
- Machbarkeit
- Zweck

Motivation von Mitarbeiter*innen kann durchaus mit der Motivation von Schüler*innen verglichen werden: Wenn Schüler*innen durch die Schule darin unterstützt werden, sich eigene, zum Thema passende Projektaufgaben zu suchen, der Schwierigkeitsgrad für sie machbar ist und der

Zweck des Stoffs verstanden und geteilt wird, dann sind sie von sich aus motiviert (intrinsische Motivation), sich weiterzuentwickeln. Die Rolle der Lehrkraft auf dem Bildungsweg der Schüler*innen ist hierbei die des wertschätzenden Mentors und der Unterstützerin.

Warum spreche ich dies in einem Buch über Digitalisierung an? Vielleicht hat man es bereits zwischen den Zeilen lesen können: Die Schüler*innen müssen das Wissen aus der Schule in ihren Alltag übertragen können, um es für sich selbst als wertvoll zu erachten. Der Alltag der Schüler*innen ist jedoch digital geprägt und Digitalisierung ändert

- Erziehung,
- Freizeit,
- Arbeitsweise,
- Jugendschutz,
- Kultur,
- Aufklärung usw.

- Wertvorstellung,
- Wertschöpfung,
- Erfahrungshorizont,
- Privatsphäre,
- Kommunikation,

Kurzum: Digitalisierung ändert alles und ist vielmehr eine gesellschaftliche als eine technische Entwicklung. Versuchen wir, dieses Wissen zu verwenden, um die Schüler*innen besser zum Lernen zu motivieren. Dabei gibt es zwei Möglichkeiten, die sich ergänzen können:

- Wir machen Themen wie Datenschutz, YouTube, Influencer*innen usw. zum Inhalt des Unterrichts.
- Wir nutzen in verschiedensten Fächern Bezüge zur digitalen Welt, z. B. im Geometrieunterricht die 3-D-Darstellung im Computerspiel.

5.2 Digitale Themen im Fokus des Unterrichts

Ich greife nun aus der Liste einige Themen heraus, die den modernen Alltag der Schüler*innen prägen. Dazu werde ich jeweils Ideen skizzieren, wie Sie diese digitalen Themen ergänzend in den Unterricht einfließen lassen können. Diese Ideen sollen Ihnen helfen, ein nachhaltiges Digitalisierungskonzept zu erstellen und somit die Motivation der Schüler*innen zu steigern.

5.2.1 Wertvorstellung

Ich stelle die Frage, warum sich eine Schülerin, ein Schüler – der festen Meinung, durch Onlinevideos zur Millionär*in werden zu können – durch Mathe- und Physikaufgaben quälen sollte?

Berufswünsche wie Influencer*in oder Profigamer*in sind Visionen, die den Schüler*innen durch den Konsum digitaler Medien zwangsläufig naheliegen. Die Schüler*innen ernst nehmend, setzen wir hier an:

Projektidee „Videokanal"
Die Schule bietet einen Videokanal an, auf dem Schüler*innen in ihrer Freizeit Videos veröffentlichen können. Erklärvideos zu schulischen Themen werden im jeweiligen Fach eingesetzt und bewertet.

Achtung: Dieser Kanal muss durch die Lehrkräfte moderiert werden, das heißt, dass Videos erst nach deren expliziter Freigabe veröffentlicht werden. Somit übernimmt die Schule die Verantwortung für die veröffentlichten Inhalte der Schüler*innen.

Projektidee „Influencer*in"
Debattieren Sie im Unterricht Fragen zum Thema Influencer*in. Für die Moderation der folgenden Fragen benötigen Sie kein tiefes Wissen über einzelne Influencer*innen oder die Thematik im Allgemeinen. Lassen Sie sich vom Input der Schüler*innen leiten.

- Wie wird das Geld verdient?
- Welche technischen Voraussetzungen werden benötigt?
- Wie werden Videos im Internet gefunden?
- Was kostet Marketing für Videos?
- Empfehlen Influencer*innen selbst, diesen Beruf zu ergreifen?
- Wie sind Influencer*innen zu Stars geworden?
- Warum werden nur wenige zu berühmten Influencer*innen, viele andere aber bleiben unbekannt?
- Wie ändert sich das private Leben jugendlicher Influencer*innen?
- Kann dieser Beruf bis zur Rente ausgeführt werden?
- Haben die Influencer*innen auch einen anderen Beruf gelernt?

5.2.2 Erziehung

Die exzessive Nutzung digitaler Medien stellt Eltern in den Erziehungsaufgaben zunehmend vor Herausforderungen. Ich halte es daher für sinnvoll, diesen Fakt im Digitalisierungskonzept der Schule zu berücksichtigen und im Unterricht die Medienbildung der Eltern ebenfalls mit einzubeziehen. Geben Sie den Schüler*innen Hausaufgaben zu digitalen Themen, die die Eltern für die Thematik sensibilisieren. Beispiele:

• Die Schüler*innen erstellen ein Plakat über ihre verwendeten sozialen Netzwerke und Messenger. Zu jedem schreiben sie, welche Zielgruppe sie dort jeweils ansprechen (gemeint sind sowohl geteilte Beiträge als auch das Profil an sich), welche Kontakte sie dort pflegen (z. B. enge Freundinnen und Freunde, Familie, Unbekannte, Online-Freund*innen, Menschen mit gleichen Interessen).
• Die Mitarbeit der Eltern bei diesem Plakat ist durchaus erwünscht. Sie kann darin bestehen, dass die Schüler*innen mit ihren Eltern über das Plakat diskutieren und zu jedem der Netzwerke nach Bekanntheit und Meinung fragen oder ihr Plakat mit den von den Eltern verwendeten sozialen Netzwerken und Freundeskreisen vergleichen.
• Sprechen Sie im Technikunterricht das Thema Passwortsicherheit an. Verwenden Sie dazu das Workshopangebot 3 ⇨ Seite 140, um zu verdeutlichen, dass auf Webseiten eingegebene Passwörter durchaus leserlich in einer Datenbank gespeichert sein können. Binden Sie auch hier die Eltern mit geeigneten Hausaufgaben ein: Die Schüler*innen interviewen ihre Eltern zur Thematik, z. B. mit der Frage, wie viele verschiedene Passwörter sie verwenden.
• Sprechen Sie im Aufklärungsunterricht und in einem begleitenden Elternabend das Thema Pornografie an. Für den Einstieg in dieses Thema stellen Sie den Schüler*innen die Aufgabe, anonym (auf gefalteten Zetteln) Begriffe aufzuschreiben, die sie mit Sexualität in Verbindung bringen.
Stellen Sie diesen Erfahrungsschatz der Klasse im begleitenden Elternabend vor.
Diskutieren Sie diese Begriffe in der Klasse (das wird wohl eine sehr lustige Stunde). Stellen Sie dabei heraus, welche Begriffe zum Thema Pornografie gehören, und diskutieren Sie reale Erwartungen zwischen den Geschlechtern.

5.2.3 Kommunikation

Das wahrscheinlich auffälligste Kriterium der Digitalisierung ist die veränderte Art der Zusammenarbeit. Im Unterricht kann man natürlich die modernen Mittel digitalisierter Kommunikation verwenden – so wie es zwangsläufig seit Beginn der Coronapandemie auch getan werden musste. Dieser Punkt der Technisierung des Unterrichts wird unter dem Thema Technische Ausstattung (⇨ Seiten 118 ff.) angesprochen.

Wir können uns dem Thema digitalisierter Kommunikation aber auch ganz anders nähern. Einige Ideen:

- Führen Sie die Übung „Verhalten im analogen und digitalen Raum" (⇨ Seiten 123 f.) mit der Klasse durch.
- Lassen Sie Gruppenarbeiten zu bestimmten Themen ausschließlich über digitale Kommunikation durchführen: eine Gruppe darf nur Textnachrichten schreiben, eine Gruppe ausschließlich Sprachnachrichten und eine Gruppe nutzt Videotelefonie. Sprechen Sie anschließend mit den Schüler*innen darüber, wie die Kommunikation ihre Arbeit beeinflusst hat und welche Probleme und Missverständnisse es gab.
- Optional: Erklären Sie eine Schülerin, einen Schüler geheim zum Troll. Die Aufgabe des Trolls ist es, unbemerkt eine sinnvolle Lösung der Aufgabe zu verhindern, indem er beispielsweise vom Thema ablenkt, Dinge nicht versteht oder Ähnliches. Klären Sie dies anschließend auf.
- Diskutieren Sie das Thema Emojis im Unterricht und besprechen Sie die Bedeutung einiger Symbole mit der Klasse. Hat jede Schülerin, jeder Schüler dieselbe Interpretation der einzelnen Bilder?

Ziel der Übungen ist es, die Gefahren von Missverständnissen und Mobbing durch digitale Kommunikation greifbar zu machen.

5.2.4 Jugendschutz

Schüler*innen sind für das Thema Jugendschutz im Allgemeinen schlecht zu sensibilisieren. Wie ich bereits aufgezeigt habe, müssen wir als Eltern und Lehrer*innen lernen, damit umzugehen. Dafür ein paar Ideen, wie dieses Thema in den Unterricht integriert werden kann.

- Fragen Sie die Schüler*innen, welche Messenger sie verwenden. Anschließend fragen Sie danach, welche Schüler*innen bei der Installation der Messenger ein falsches Geburtsdatum oder Alter angegeben haben – und warum.
  Über diesen Weg können Sie nun in eine Diskussion einsteigen und fragen, warum die Schüler*innen glauben, dass Messengerdienste ein Mindestalter vorgeben. Machen Altersbeschränkungen generell Sinn?
- Zudem können Sie das Thema Urkundenfälschung ansprechen. Dies soll jedoch nicht als Vorwurf dienen, aber es zeigt die Diskrepanz zwischen der akzeptierten Lebensweise von Jugendlichen in unserer Gesellschaft und der rechtlichen Lage.
- Eine weitere mögliche Aufgabe ist es, den Schüler*innen die Aufgabe zu geben, die AGBs einer bestimmten App herauszufinden und zu lesen. Dazu können anschließend Fragen gestellt werden:
  » Darfst du in deinem Alter diese App verwenden?
  » Wozu hast du durch die Verwendung dieser App zugestimmt?
  » Sind die AGBs für dich verständlich geschrieben?
  » Wie würdest du die AGBs schreiben?

5.2.5 Privatsphäre

Nähern Sie sich dem Thema Privatsphäre aus der Sicht der Schüler*innen. Unter Schüler*innen beliebte Messenger – z. B. Snapchat – erlauben es, seinen aktuellen Standort permanent mit seinen Freund*innen zu teilen. Daran können Sie ansetzen.

- Arbeiten Sie gemeinsam mit den Schüler*innen – z. B. im Deutschunterricht – eine Geschichte aus, in der Missverständnisse durch das Verwenden eines solchen Trackings zu einem Bruch in Freundschaften führt. Fragen als Ansätze:
  » Wieso hast du deinen Standort ausgeschaltet?
  » Wieso warst du dort?
  » Wieso hast du meine Nachricht gelesen, aber nicht geantwortet?
  » Wieso hast du meine Nachricht mit dem geteilt?
  » Wieso schreibst du mit der?
  Diese Geschichte kann auch fächerübergreifend diskutiert werden, z. B. werden auch die Themen Datenschutz und Ethik berührt.

- Eine weitere Idee ist es (sofern die Infrastruktur der Schule einen DSGVO-konformen Messenger für die Schüler*innen bereitstellen kann), einen digitalen Klassenchat für die Klassen anzulegen. Der Chat ist vollkommen unreguliert. Eine Vertrauenslehrerin, ein Vertrauenslehrer ist in diesem Chat als stiller Moderator eingebunden.
  - » Kündigen Sie nach einer Weile an: Der Chat wird auf ein anderes Modell umgestellt und die Eltern und Lehrer*innen dürfen nun den gesamten Chat lesen. Der Chatverlauf sowie die Profile der Schüler*innen werden beim Elternabend zwischen Eltern und Lehrer*innen ausgewertet (was nicht geschehen wird, aber die Schüler*innen sollen es glauben!).
  - » Gibt es Bedenken seitens der Schüler*innen?
- Eine Variante davon ist, dass Sie den Schüler*innen folgende Entscheidung mitteilen:
  - » Die Smartphones der Schüler*innen sollen bei regelmäßigen Gesprächen zwischen Lehrer*innen und Eltern ausgewertet werden; die Schüler*innen müssen dazu alle Kontakte offenlegen.
  - » Gibt es Bedenken seitens der Schüler*innen?
  Beide Varianten sollen als Weckruf für die Schüler*innen dienen. Sie beginnen instinktiv darüber nachzudenken, welche Bilder sie mit wem geteilt haben, welche Kontakte sie haben und so weiter. Dies bietet einen Einstieg in die Diskussion zum versteckten Zugriff auf private Daten durch Dritte sowie zum Thema „sensible Daten".

5.3 Unterricht motivierend gestalten – mit Bezügen zur digitalen Welt

Wir ändern nicht die Themen des Lehrplans. Wir setzen sie nur einfach in einen anderen Kontext. Damit möchten wir erreichen, dass die Schüler*innen die Erlebenswelt ihres Alltags auf die Themen der Schule übertragen und dort im besten Fall auch verwenden – und umgekehrt. Vier Beispiele:

Bezug Influencer*innen

Die Inhalte von Influencer-Videos sind sehr verschieden und reichen von Musik über Mode und Spiele bis hin zu Comedy oder sogar Politik. Auf Influencer*innen kann somit auch in vielen Fächern Bezug genommen werden. Ein Influencer-Video zu einem aktuellen Thema vorzuspielen kann helfen, ein Thema aus Alltag der Schüler*innen auf das Unterrichtsthema zu übertragen und somit das Interesse zu wecken.

Auch weiterführende Themen mit Bezug zu Influencer*innen, z. B. Journalismus, Videoschnitt und Marketing, können in schulischen Projekten bearbeitet werden.

Bezug Computerspiele

Fragen Sie einfach mal nach, aus welchen Ländern die über Computerspiele gefundenen Onlinefreund*innen Ihrer Schüler*innen so stammen. Stellen Sie die Aufgabe, sich mit diesen Onlinefreund*innen einmal über deren schulische Situation auszutauschen.

Für den „alltäglichen" Unterricht: Gerade geometrische Probleme können mit Computerspielen sehr motivierend bearbeitet werden. Zum Beispiel:

- „Ist von dieser Position ein Gegner sichtbar, der auf einem Hügel hinter einem Haus mit der Höhe X steht?"
- „Wie viel Holz muss man abbauen, um einen Zaun um ein Grundstück mit einem Umfang von X zu bauen?"

Die breite Welt der Computerspiele ist bestens geeignet, um auch in anderen Fächern daran anzuknüpfen.

Physik: Lassen Sie die Schüler*innen von Effekten in Computerspielen sprechen, die ihnen zum Thema Beschleunigung einfallen. Wie würde es z. B. wirken, wenn ein Auto im Computerspiel sofort mit voller Geschwindigkeit fahren würde?

Gesellschaftskunde: Haben die Schüler*innen Onlinefreund*innen aus anderen Ländern? Kennen sie deren Lebensweise, Interessen und dergleichen? Wahrscheinlich haben hier die Schüler*innen kaum Vorurteile und Berührungsängste mit anderen Kulturen.
Können sie die Berichterstattung zu aktuellen Ereignissen aus den Ländern ihrer Onlinefreund*innen vergleichen?

Sprachen: In welchen Sprachen sprechen die Schüler*innen mit Onlinefreund*innen aus anderen Ländern? Können sie über unterschiedliche

Dialekte und Aussprachen berichten? Vermuten sie vielleicht sogar bereits anhand der Aussprache die Nationalität einer Spielerin bzw. eines Spielers? (Unterschiedliche Aussprache der englischen Sprache durch Spieler*innen indischer, chinesischer, russischer, amerikanischer oder englischer Nationalität)

Musik: Welche Rolle spielt Musik in Computerspielen? Wie kann Musik dazu genutzt werden, Stimmungen zu erzeugen? Wie unterstützen Soundeffekte das Computerspiel?

Ethik/Gesellschaftskunde: Es können gesellschaftskritische Themen wie Zensur, Propaganda und Gewalt in Bezug auf Computerspiele diskutiert werden. Auch moderne Themen wie Gamification (⇨ Seite 41) und Fake-News (Seiten 58, 72) sind für die Diskussion im Ethik-Unterricht gut geeignet.

Themen mit Coolness-Faktor

Themen, die im Allgemeinen als „cool" gelten, sind Hacking, künstliche Intelligenz, autonome Bots oder das Erfinden eigener Geheimsprachen – Stichwort Protokolle (Workshopangebot 1 ⇨ Seite 139). Die Schüler*innen können sich mit Wissen zu diesen Themen in ihrer Altersgruppe hervorheben. Im Praxisteil finden Sie eine Übung zum Thema Hacking – einem rechtlichen Graubereich, der sehr gut sowohl für Ethik als auch für Datensicherheit, Informatik und Medienbildung verwendet werden kann.

Verwendbares Wissen

Beste Motivation für Schüler*innen ist, das Erlernte unmittelbar als Mehrwert in ihrer Freizeit verwenden können – sie teilen den Zweck. Die Schwierigkeit dabei ist, dass dies nicht direkt vorgegeben werden kann. Diese Idee muss im Kopf der Schüler*innen selbst entstehen. Man kann sie jedoch geschickt zu dieser Erkenntnis führen – geleitetes Entdecken beispielsweise im Informatikunterricht: Technische Fertigkeiten, die im Alltag benötigt werden, schaffen z. B. die Möglichkeit, durch das vermittelte Wissen das Taschengeld aufzubessern. Als Beispiel gibt es die Anleitung zum Konfigurieren des Heimnetzwerkes und Internetzugangs mittels Router (Workshopangebot 1 ⇨ Seite 139).

5.4 Medienbildung und Digitalisierungskonzept

Mit Bezügen zu ihrer digitalen Welt können die intrinsische Motivation der Schüler*innen gefördert und der Lernerfolg erhöht werden. Das Erlernte wird für Schüler*innen leichter greifbar und bietet einen Mehrwert in ihrem Alltag – und nicht erst bei einer unbestimmten Berufswahl in der Zukunft.

Altersgerechte pädagogische Konzepte an die agile, kurzlebige, digitalisierte Welt anzupassen – ohne an Qualität zu verlieren – ist eine genügend große Herausforderung für Schulen und Lehrkräfte. Ich möchte zu diesem Findungsprozess ein paar Ideen beisteuern, die ich in einer ungeordneten Warum-nicht-Liste zusammengefasst habe. Diese Ideen könnten in der Schule als zusätzliche Motivation oder zur individuellen Zusatzbewertung angeboten werden und stellen teilweise Anforderungen an die technische Ausstattung der Schule..

Warum nicht … Eltern über die Kinder schulen?

Zwei Gründe stecken hinter diesem Vorschlag: Zum einen fällt es Eltern zunehmend schwer, erzieherische Verantwortung für die Onlineaktivitäten ihrer Kinder zu übernehmen. Die Schule sollte dies im Rahmen der Digitalisierung bedenken und Lösungen anbieten.

Zum anderen benötigen die Schüler*innen die Gewissheit, dass ihre Eltern genügend Verständnis für digitale Themen haben, um geeignet auf Probleme reagieren zu können. Das ist die Grundlage dafür, dass Schüler*innen bei Problemen vertrauensvoll auf ihre Eltern zugehen können.

Fallbeispiel: Ein Schüler wird im Internet belästigt. Er spricht jedoch nicht mit seinen Eltern darüber, da seine Eltern das Internet nicht verstehen und er davon ausgeht, dass deren Reaktion ein Sperren seines Internetzugangs ist.

Werden jedoch die Eltern bei der Bearbeitung brisanter Themen rund um digitalisierte Kommunikation durch geeignete Hausaufgaben mit einbezogen, können die Schüler*innen darauf vertrauen, dass ihre Eltern besser auf das Thema reagieren können.

Warum nicht … Geografie mit Google Maps?

Moderne Tools im Geografieunterricht – zum Beispiel Open Streetmap, Google Earth oder Google Maps – bieten interessante Ansätze:

- Koordinaten auffinden
- Ortsangaben und Links statt kopierten Kartenausschnitten auf Papier
- Fotos von der Landschaft vor Ort analysieren
- Straßenkarten „lesen"
- Höhenlagen, Standorte von Industrie und Landwirtschaft recherchieren

Warum nicht … Hausaufgaben als Artikel im Schulblog?

Warum denn immer mit Plakaten arbeiten? Wenn Schüler*innen ihre Ausarbeitungen nicht auf einem Plakat, sondern digital im Blog der Schule erledigen und präsentieren, bietet dies mehrere Vorteile:

- Umgang mit digitalen Medien wird geschult
- gute Ausarbeitungen können einfach veröffentlicht werden
- dieses Format ist papierlos

Digitalisierung im Unterricht

- die Zusammenarbeit in Gruppen ist auch außerschulisch einfach realisierbar

Auf dem Webserver der Schule kann ein Blog mit einfachen Mitteln installiert werden; dafür gibt es einfach zu bedienende, kostenlose Lösungen, z. B.:
https://de.wordpress.org/download/
Auch ein eigenes Wiki ist denkbar:
https://www.mediawiki.org/wiki/Download/de

Warum nicht ... an Wikipedia-Artikeln mitarbeiten?

Das Internet lebt von Teilhabe. Wikipedia ist eine offene, moderierte Plattform, um Wissen zu teilen. Es kommt immer wieder vor, dass auf dieser Plattform Einträge fehlen, Fehler enthalten oder schlecht geschrieben sind. In diesen Fällen kann durchaus im Unterricht die Mitarbeit an Wikipedia-Artikeln versucht werden.

Wikipedia verwendet die Beschreibungssprache Markdown[14]. Die Schwelle für ein solches Experiment mag deshalb etwas höher sein und sollte mit dem Informatikunterricht abgestimmt werden. Markdown ist jedoch sehr leicht zu verwenden. Wikipedia wird gewissenhaft von Lektor*innen moderiert, fehlerhafte Texte werden nicht veröffentlicht. Auch dieser Lektorierungsprozess ist für die Schüler*innen eine interessante Erfahrung und schult das Verständnis für den Umgang mit (Online-)Medien.

Warum nicht ... bei Code Combat mitarbeiten?

Code Combat ist eine Lernplattform, auf der Schüler*innen im Klassenverband spielerisch das Programmieren in verschiedenen Programmiersprachen lernen: www.codecombat.com. Es ist ein Angebot aus den USA, wird jedoch global durch Mitarbeit einer Community in verschiedene Sprachen übersetzt. Entschließen Sie sich dazu, Code Combat im Informatikunterricht zu verwenden, so können Sie dies – zum Beispiel im Rahmen einer Projektwoche – auch für andere Fachbereiche in Erwägung ziehen (Workshopangebot 2 ⇨ Seite 140).

Code Combat bietet allen die Möglichkeit zur Teilnahme an:

- Übersetzungen
- Beschreibungen/Dokumentationen schreiben
- Leveldesign/Grafik/Programmierung
- Moderation und Hilfestellung in der Community
- https://codecombat.com/community

Warum nicht … einen Videoclip drehen?

Schüler*innen lieben Onlinevideos und viele träumen davon, einen eigenen Kanal zu betreiben. Ich kenne Schüler*innen, die den aktuellen Lernstoff in ihrer Freizeit in einem Video aufbereiten und erklären. Diese Arbeit kann mit zusätzlichen Noten bewertet und durch die Infrastruktur der Schule gefördert werden. Gut gemachte Videos können im Unterricht verwendet werden.

Ein von der Schule moderierter, öffentlicher Kanal (⇨ Seite 106) ist ebenso denkbar wie ein Computerarbeitsplatz mit Webcam und Bluebox[15]. Vorträge können gefilmt werden, um sie als Dokumentation des Unterrichts für nicht anwesende Schüler*innen oder Eltern bereitzustellen. Wie so etwas aussehen kann, zeigt der Youtube Kanal „ProjectHistory". Dieser Kanal wurde von zwei Freunden über den Zeitraum der siebten bis zur zehnten Klasse betrieben. Sie veröffentlichten dort eigene Erklärvideos über Inhalte des Geschichtsunterrichts, die auch schulisch als Zusatzleistung bewertet wurden:

Warum nicht … im Bundestag eine Petition einreichen?

Demokratie basiert auf Teilhabe. Das Internet erleichtert die Teilnahme am politischen Geschehen. Livestreams von Abstimmungen aus dem Bundestag sind ein – passives – Element. Ein aktives Element sind Petitionen, über die alle Bürger*innen die Möglichkeit haben, für sie relevante Themen in den Bundestag einzubringen. Die Petitionsplattform des Bundestags ist öffentlich: https://www.bundestag.de/petition

Eingereichte Themen können gelesen, kommentiert, diskutiert und unterschrieben werden. Denkbar ist, im Unterricht einzelne Petitionen zu diskutieren und – moderiert durch die Lehrkraft – online zu kommentieren. Die Schüler*innen können auch eine eigene Petition einreichen (Bundeszentrale für politische Bildung 2013). Petitionen werden vom Petitionsausschuss des Bundestags vor deren Veröffentlichung begutachtet und individuell beantwortet (Stellungnahme). Auch dieser Prozess schult das Demokratieverständnis und vermittelt Nähe zu unserem Parlament. Jedoch ist zu bedenken: Einreichende einer Petition werden eventuell eingeladen, um das Anliegen persönlich vorzustellen!

Warum nicht ... ein schuleigenes E-Sport-Team aufstellen?

E-Sports, also der Wettkampf von Teams in Computerspielen, sind in einigen Ländern bereits gesellschaftlich akzeptiert und werden bei angesagten Events mit hohen Gewinnsummen gefeiert. Dabei müssen nicht Shooter oder Spiele mit Altersbeschränkung gespielt werden, sondern es gibt genauso auch Teams für strategische Spiele.

Es wäre zum Beispiel denkbar, ein Team als außerschulisches Projekt im Computerkabinett der Schule zuzulassen. Die Mitgliedschaft in diesem Team kann – als Motivationsunterstützung – an den Notendurchschnitt oder ähnliche Bedingungen geknüpft sein. Zusätzlich könnte die Schule ein jährliches E-Sports-Event veranstalten.

Warum nicht ... Computerspiele ohne Technik?

Es gibt auch Computerspiele gänzlich ohne Computer – sogenannte Tabletop-Spiele. Diese sind meist recht komplex und daher erst ab 14 Jahren empfohlen. Für Schüler*innen, deren Jugend durch Computerspiele geprägt ist, stellen sie eine gute Alternative dar und könnten als außerschulische AG gespielt werden. Meist folgen sie ähnlichen Regeln wie vergleichbare Computerspiele und fördern so analytisches Denken.

Ich habe mit folgenden Spielen sehr gute Erfahrungen gemacht:
- Descent 2. Edition (Heidelberger Spieleverlag)
- Blitz Bowl (Games Workshop)
- Lords of Hellas (Awaken Realms)
Auch „normale" Brettspiele erfreuen sich steigender Beliebtheit.

5.5 Technische Ausstattung

5.5.1 Technisierung des Schulbetriebs

Bei vielen mir bekannten Schulen ist der erste Schritt in Richtung Digitalisierung, dass herkömmliche Unterrichtsmaterialien durch digitale Geräte ersetzt werden. Dass das nicht nur Vorteile bringt, wurde vielleicht in diesem Buch bereits deutlich. Risiken beim Einsatz digitaler Geräte im Unterricht:

- Reduziert die Effektivität der Wissensvermittlung.
  Die Schüler*innen sind gezwungen, sich zusätzlich zum eigentlichen Lerninhalt mit der Verwendung des Gerätes auseinanderzusetzen.
- Erhöht die Ablenkung.
  Die Verwendung digitaler Geräte verleitet zum Ausprobieren verfügbarer unterrichtsfremder Funktionen.
- Verringert eigenständiges Denken.
  Der leichte Zugriff auf umfängliches Wissen und unterstützende Funktionen reduziert die Motivation, Vorgehensweisen selbst zu lernen und zu begreifen.
- Ist durch die Verwendung proprietärer Tools nicht nachhaltig.
  Lerninhalte, die auf Grundlage einer bestimmten Software vermittelt werden, können mitunter schwer auf andere – privat genutzte – Programme übertragen werden.
- Ist unfair wegen unterschiedlicher Grundlagenskills.
  Zu den Grundlagenskills gehören u. a. Dateiverwaltung, Drucken, Umgang mit Schreibprogrammen und dergleichen. Der Einsatz von Geräten ohne einen begleitenden Unterricht, der grundlegende Funktionen vermittelt, führt zu unterschiedlichen Lernerfolgen der Schüler*innen.

Ein nachhaltigeres Digitalisierungskonzept nimmt sich dieser Kernprobleme an. Ausgewählte Beispiele, wie dies geschehen könnte:

- Unterstützende statt ersetzende Verwendung.
  Digitale Geräte ausschließlich zur Unterstützung bei der Bewältigung einzelner Aufgaben nutzen, ohne jedoch auf herkömmliche Mittel zu verzichten.

- Verwendung digitaler Medien als Fokusthema.
  Die verwendeten Geräte werden zu einem eigenständigen Thema des Unterrichts. Neben dem technischen Aspekt (z. B. den Desktop-PC als Bausatz selbst zusammenbauen), wird dabei auch die Verwendung unterschiedlicher Software für identische Aufgaben vermittelt (z. B. Word, Notepad++, OpenOffice). Zusätzlich kann die Arbeit mit verschiedenen Betriebssystemen ausprobiert werden (Linux, Windows, Android).
- Definition der Schule als digitaler Infrastruktur-Dienstleister.
  Über die Einbeziehung der Eltern in gewisse Themen habe ich bereits gesprochen (⇨ Seiten 107 und 113 ff.). Vielleicht sollte die Schule diesen Ansatz auch bei der Planung der technischen Infrastruktur beherzigen und beispielsweise für Schüler*innen und Eltern jugendgerechte und datenschutzkonforme Kommunikationsmittel bereitstellen.

Die Vermittlung des Wissens zum Umgang mit digitalen Unterrichtsmaterialien kann dabei von mehreren Seiten aus geschehen werden: Die Schüler*innen lernen nicht nur mit dem Gerät in der Hand dessen Funktionen kennen, sondern bekommen auf analogem Weg die Grundlagen dieser Technik vermittelt. Dieses Konzept habe ich in den Projekten verwendet, die als Download-Materialien zur technischen Bildung verfügbar sind (⇨ Seiten 139 f.).

Einige weiterführende Ideen dazu:
- Erklären der Funktionsweise von Textverarbeitungsprogrammen anhand von Skriptsprachen (Textformatierung mit HTML, Word, Texteditor)
- Beschreibung von Problemen anhand von Algorithmen
- Beschreibung von Protokollen anhand von Sprachen (Workshopangebot 1 ⇨ Seite 139)
- Beschreibung der Hardware im Vergleich zum menschlichen Gehirn

5.5.2 Schulische Infrastruktur

Je nach geplantem Digitalisierungskonzept stellen sich einige Anforderungen an die Infrastruktur. Die Möglichkeiten einer Schule werden dabei mitunter vom Bundesland zentral verwaltet und vorgegeben. Zudem gibt es Unmengen an Dienstleistern und Herstellern, die für schulische Digitalisierungsangebote werben. Losgelöst davon möchte ich grundlegende Ansätze technisierter schulischer Infrastruktur anreißen.

Grundlegend:
- lokales Netzwerk in der Schule (LAN/WLAN)
- lokale Server in der Schule (sind auch bei schlechter Internetanbindung verwendbar) – z. B. als zentrale Dateiablage für Projekte
- Vernetzung von Lehrer*innen, Schüler*innen und Eltern

Für wissenschaftlichen Unterricht:
- flexible Netzwerktechnik für die Verwendung im Unterricht (Router, Switch, Kabel)
- schuleigene Server für wissenschaftliche Projekte (Datenbanken, Webserver, Workstations, virtuelles Labor)

Für weiterführende AGs:
- 3D-Druck, Lasergravur
- Robotik
- Videoschnitt
- Musikproduktion
- Smarthome, Microcomputer (Raspberry Pi, Ardorino)

Beim Technisierungskonzept unterscheiden wir zwischen der zentralisierten Infrastruktur – der von der Schule angebotenen und oder verwalteten Dienste – und der verteilten Infrastruktur, die die Infrastruktur der einzelnen Schüler*innen betrifft und im Homeschooling vermehrt an Bedeutung gewonnen hat.

Zentralisierte Infrastruktur
- sorgt für datenschutzrechtlich abgesicherte Vernetzung von Lehrer*innen, Schüler*innen und Eltern
- beachtet bei der Kommunikation Konzepte der Aufsichtspflicht: Moderation, privater Kontakt zur Vertrauenslehrkräften, Streitschlichter*innen
- bietet einen Zugang für Eltern (Elternbriefe, Kontakt zu Lehrer*innen, Formulartausch für Klassenfahrten, Krankmeldungen etc.)
- ist auch privat verwendbar (schülereigene E-Mail-Adressen, Schulmessenger)

- bietet Vorteile durch die Vernetzung von Arbeits- und Projektgruppen, schnelle Hilfe durch Kontakt zu Lehrer*innen und verbesserte Informationsfindung

Ideen für zentralisierte Angebote wären:
- Zusammenarbeit/Homeschooling: NextCloud, WebWeaver school
- Kommunikation: Teamspeak, Rocket.Chat, matrix, XMPP-Server, E-Mail-Server
- Gerätemanagement: Mobile Device Management (MDM), VPN-Zugang für Mobilgeräte auf schulische Infrastruktur

Verteilte Infrastruktur

Die verteilte Infrastruktur soll bei mobilem Unterricht und bei Hausaufgaben für vergleichbare Bedingungen sorgen. Dabei ist der heimische Arbeitsplatz der Schüler*innen als Teil der schulischen Infrastruktur zu sehen und wird dementsprechend zentral administriert. In diesem Zusammenhang macht ein Leihkonzept für mobile Geräte, Drucker, Scanner und Webcam (ähnlich der Schulbuchausleihe) durchaus Sinn. Sollten für die Klassenkommunikation Messenger angeboten werden, so muss darauf geachtet werden, dass diese nicht ausschließlich auf dem privaten Handy, sondern z. B. auch auf dem durch die Schule bereitgestellten mobilen Gerät funktionieren.

Für Homeschooling gilt weiterhin, dass die Geräte in die Erziehung integrierbar sein sollen. Regeln der Eltern – z. B. eine Begrenzung der Screentime für Digital Detox – müssen genauso berücksichtigt werden wie ein eventuell zeitlich oder qualitativ begrenzter Zugang zum Internet.

Betrachten wir darüber hinaus die unterschiedlichen familiären Bedingungen, sehen wir, dass durch Punkte wie
- Ergonomie des Arbeitsplatzes,
- Ablenkung durch private Umstände und Pflichten,
- Mobilfunkverträge und Datenbegrenzungen

kaum vergleichbare Umstände für die Schüler*innen gewährleistet werden können. Eine perfekte verteilte Infrastruktur, die zur fairen Benotung von privat erbrachten schulischen Leistungen zwingend vorausgesetzt werden müsste, ist durch die Schule kaum realisierbar. Was bleibt, ist der Zwang, angepasste Bewertungskonzepte für die im Homeschooling erbrachten Leistungen zu etablieren.

6 Praktische Übungen

6.1 Fallen lernen

Meiner Überzeugung nach ist es auch im digitalen Zeitalter ein wesentliches Ziel eines Lehrplans, dass Schüler*innen trotz medialen Überflusses zu selbst denkenden und selbstbestimmten Menschen erzogen werden. Nur so lernen sie, bewusst mit der Technik und ihren Risiken umzugehen.

Gestatten Sie mir, den Umgang mit digitaler Technik mit Kampfsport zu vergleichen. Beim Kampfsport lernt man zuerst das richtige Fallen. Und das nicht nur einmal in einer Eingangsstunde: Fallübungen werden regelmäßig im Training wiederholt. Auch in der Arbeitswelt ist es verpflichtend, durch regelmäßige Belehrungen auf Risiken und Gefahren sowie richtiges Verhalten hinzuweisen. Zudem wird – wie beim Feueralarm – der Ernstfall geprobt. Übertragen wir nun dieses Sicherheitsbewusstsein auf die digitale Welt. Dies ist für die Schüler*innen wie auch für Lehrkräfte und Eltern relevant – zum einen bereits vor der Verwendung von Smartphones und Tablets und der Nutzung des Internets, zum anderen als regelmäßiges Training von Gefahrensituationen. An dieser Stelle möchte ich nochmal auf das Video „Hirne hacken" von Linus Neumann verweisen, auf das ich mich bereits im Vorwort bezogen habe (Neumann 2020). Bei Übungen im Umgang mit digitaler Technik ist es demnach wichtig, nicht das rationale Denken (System 2), sondern den Hirnstamm (System 1) zu trainieren.

Die Erfahrung aus Neumanns Studie zeigt auch, dass keine Transferleistungen möglich sind. Jeder mögliche Einzelfall muss trainiert werden: kein Passwort bekannt geben, keine Kontonummer bekannt geben usw.

Und: Regelmäßige Trainings, regelmäßige Wiederholungen sind für die Wirksamkeit des Selbstschutzes unerlässlich.

6.2 Daten und was sie aussagen

Lerneffekt: Die Schüler*innen verstehen, was unter dem Begriff Daten verstanden wird. Zudem wird ihnen die Aussagekraft von Daten bewusst.

Durchführung: Ein Schüler bzw. eine Schülerin stellt sich vor die Klasse. Die Klasse beginnt, Daten über diesen Schüler, diese Schülerin zu sammeln. Je länger man diese Übung durchführt, desto detaillierter und spezifizierter werden die Daten. Bei Haarfarbe und Kleidung angefangen, steigert sich die Klasse allmählich hin zu Gesichtsausdruck, Bewegung und kleinen Details. Manchmal fallen Dinge auf, derer sich die betroffene Person so gar nicht bewusst gewesen ist.

Hinweis: Achten Sie darauf, dass die Klasse nicht in Richtung peinlicher Details oder gar Mobbing abdriftet.

6.3 Verhalten im analogen und digitalen Raum

Lerneffekt: Dadurch, dass die Schüler*innen selbst in die Falle tappen und eine digitale „Realität" mit Personen im echten Leben verwechseln, lernen sie den Unterschied einprägsam kennen. Durch die Erkenntnis, dass sie sich im Schutz der Anonymität und Unverletzlichkeit im virtuellen Raum aggressiver verhalten, fällt es ihnen leichter zu begreifen, dass
- ihr Verhalten verletzend für andere sein kann und
- eine vermeintliche Beleidigung durch andere eventuell nicht so gemeint war.

Voraussetzung: Die Schüler*innen der Klasse kennen sich und wurden grundlegend zu den Verhaltensweisen im Internet aufgeklärt.

Setup: Die Schüler*innen erstellen jeweils einen eigenen Account auf einem Minecraft-Server der Schule und loggen sich gemeinsam in den Kreativmodus ein. Dort finden sich die Avatare der Schüler*innen in einem virtuellen Raum wieder und können miteinander in Kontakt treten. Sie, die Lehrkraft, erstellen für sich einen eigenen Account, aber mit dem realen Namen eines Schülers bzw. einer Schülerin. Vermutlich wählt ein Großteil der Schüler*innen einen Nicknamen, sodass es keine Überschneidungen geben wird. Mit dem Avatar unter diesem Namen stiften Sie Unruhe im virtuellen Raum oder provozieren gar andere.

Durchführung: Diese einfache Übung ohne spezielles Ziel kann verwendet werden, um gemeinsam mit den Schüler*innen zwei Themen begreifbar zu machen:

Das veränderte soziale Verhalten im digitalen Raum

Es wird nicht lange dauern, bis die Schüler*innen sich gegenseitig mit der Spitzhacke attackieren. Dieses Verhalten greifen Sie auf: Sprechen Sie an, dass die Schüler*innen sich schon lange im selben analogen Raum – im Klassenraum – aufhalten, ohne sich auf den Kopf zu schlagen. Besprechen Sie gemeinsam die Frage, warum dies eine der ersten Interaktionen ist, sobald sich die Schüler*innen gemeinsam im virtuellen Raum befinden.

Die Bedeutung von Anonymität

Die Schüler*innen werden bald im realen Raum den Schüler, die Schülerin auf das unangemessene Verhalten ansprechen. Decken Sie dann auf, wer die reale Person hinter dem verwendeten Namen ist und fragen Sie nach, wieso die Schüler*innen jemanden bestimmtes verdächtigt haben. Nutzen Sie diesen Aha-Effekt, um das Thema Anonymität im Internet zu vertiefen.

Hinweise: Diese Übung kann durchgeführt werden, wenn Minecraft auch anderweitig, z. B. für Programmierübungen, verwendet wird. Microsoft bietet zu diesem Zweck für Schulen eine Education-Version von Minecraft an. Die Übung ist jedoch nicht auf die Verwendung von Minecraft beschränkt, sondern kann auch z. B. in einem Gruppenchat oder Ähnlichem geschehen. Diese Übung funktioniert besser, wenn die Schüler*innen in diesem Chat nicht ihre realen Namen verwenden.

6.4 Was Apps alles (nicht) dürfen

Lerneffekt: Die Schüler*innen lernen ihre installierten Apps und den Wert ihrer Daten besser kennen und werden dazu angehalten, sich mit den erteilten Rechten ihrer installierten Apps auseinanderzusetzen.

Voraussetzung: Die Schüler*innen besitzen je ein eigenes Smartphone und haben die Rechte, den Play-Store zu benutzen.

Durchführung: Die Schüler*innen wählen ihre Lieblings-App aus und gestalten ein A4-Poster über diese App. Auf diesem Poster werden, soweit möglich, folgende Informationen über die App zusammengetragen:

- Details zum Hersteller (Firmensitz, Zahl der Mitarbeitenden, Umsatz)
- benötigte Rechte

- Ideen, womit die App Geld verdient
- Berechtigungen, die die App verlangt
- Fragwürdige Berechtigungen der App werden im Unterricht mit der Klasse diskutiert.

6.5 Sei ein Daten-Sensibelchen!

Lerneffekt: Durch diese Übung werden die Schüler*innen im Umgang mit persönlichen Daten sensibilisiert.

Voraussetzung: Das Thema sensible Daten (⇨ Seiten 17 ff.) wurde im Unterricht besprochen.

Durchführung: In Gruppenarbeit machen sich die Schüler*innen Gedanken darüber, ob sich auf ihrem Smartphone Daten – Fotos, Videos oder Textnachrichten – befinden, die sie als vertraulich einstufen würden.

Hinweis: Was ist vertraulich? „Alle Daten, die ihr nicht in der Schülerzeitung abdrucken oder vor der Klasse vorstellen würdet, sind vertraulich." Geben Sie den Schüler*innen als Denkhilfe das Szenario, dass ein Stalker Informationen über sie in Erfahrung bringen möchte. Welche Daten könnte er zu ihrem Nachteil nutzen bzw. gegen sie verwenden?

Anschließend moderiert die Lehrkraft ein gemeinsames Brainstorming, in dem die Klasse Ideen sammelt, wo ihre Daten bereits jetzt überall gespeichert sein könnten und wer darauf eventuell Zugriff hat.

6.6 Anonyme Daten? – Gibt es nicht!

Lerneffekt: Diese Übung veranschaulicht, dass selbst scheinbar belanglose und offensichtliche Daten genügen, um uns als Person ausreichend zu beschreiben.

Voraussetzungen: Sie kennen die Persönlichkeiten der Schüler*innen und können einschätzen, wer voraussichtlich empfindlich und wer stabil und selbstbewusst auf Kommentare zur eigenen Person reagiert. Die Frage „Was sind Daten?" (⇨ Seiten 15 f.) wurde besprochen.

Durchführung: Sie teilen die Klasse in zwei Gruppen. Eine Gruppe verlässt den Raum. Die im Raum verbleibende Gruppe soll dann einen Schüler, eine Schülerin der anderen Gruppe auswählen und beschreiben: Verhaltensweisen, Aussehen, Eigenarten, Hobbys und Ähnliches.

Die Lehrkraft sollte unter dem in den Voraussetzungen beschriebenen Gesichtspunkt die gesammelten Eigenschaften vorab prüfen, um eine Beleidigung oder Mobbing der gewählten Schülerin, des gewählten Schülers zu verhindern. Diese Daten werden als Stichpunkte an die Tafel geschrieben. Anschließend wird die zweite Gruppe wieder in den Raum geholt. Diese Gruppe soll gemeinsam erraten, wer beschrieben wurde.

Hinweis: Diese Übung kann variiert werden, indem Sie zum Beispiel nur die üblichen Bewegungen einer Schülerin, eines Schülers beschreiben lassen.

6.7   Fakt, Fake oder Meinung

Lerneffekt: Die Schüler*innen kennen den Unterschied zwischen subjektiver und objektiver Berichterstattung und können Fakten besser von Meinungen unterscheiden.

Durchführung: Die Schüler*innen bekommen die Gruppenaufgabe, aus einer aktuellen Onlinezeitung ein Thema auszuwählen. Sie sollen zu diesem Thema klären:

- Was sind die Fakten?
- Welche Aussagen interpretieren die Fakten und beeinflussen die Meinung?
- Welche Aussagen beziehen sich auf die Meinung anderer Personen und spiegeln nicht die Fakten?

Die Aufgabe kann zu einem Zeitproblem werden – bzw. die Schüler*innen lernen, dass fehlende Zeit eines der Probleme ist beim Analysieren von Berichterstattungen! Die Lehrkraft legt deshalb den Zeitrahmen für die Gruppenaufgabe fest. Anschließend sollen die Schüler*innen einen Artikel zu dem Thema formulieren, bei dem sie versuchen, die Meinung der Leser*innen in die andere Richtung zu beeinflussen.

Hinweis: Diese Übung kann genauso gut mit Meldungen aus sozialen Netzwerken durchgeführt werden: mit Tweets, Posts o. Ä., die verfasst wurden, um einen Kommentar zu einem Ereignis abzugeben, oder mit über soziale Medien verbreitete Links zu einem Artikel.

Alternative Übung: Geben Sie den Schüler*innen die Aufgabe, eine Werbekampagne zu entwerfen. In dieser sollen sie offensichtlich schlechte Dinge – zum Beispiel stark zuckerhaltige Süßigkeiten – bewerben. Dadurch merken sie, dass sie eine Menge verschweigen und viel versprechen müssen.

6.8 In sozialen Medien Hilfe finden

Lerneffekt: Die Schüler*innen werden in die Lage versetzt, selbstständig auf Belästigungen in den sozialen Medien zu reagieren. Zudem sollen Ängste abgebaut werden, im Ernstfall Hilfe zu suchen.

Voraussetzung: Das Thema Straftaten (⇨ Seiten 34 ff. und 98 f.) wurde behandelt.

Setup: Die Klasse kann am Computer mit maximal zwei Schüler*innen pro Arbeitsplatz arbeiten. Alternativ kann diese Übung auch als Hausaufgabe durchgeführt werden.

Durchführung: Die Schüler*innen bekommen die Aufgabe, in einer Community ihrer Wahl eine direkte Ansprechperson zu finden. Dabei sollten sie sich auf die Seiten „Impressum", „Kontakt" oder Ähnliches konzentrieren. Die ermittelte Ansprechperson soll mit der Frage kontaktiert werden, ab welchem Alter eine Mitgliedschaft im Forum erlaubt ist und welche Maßnahmen für den Jugendschutz getroffen wurden.

Hinweise: Sie werden feststellen, dass es starke Unterschiede in der Auffindbarkeit von Kontaktmöglichkeiten der Plattformen gibt.
Betrachten Sie zusätzlich weitere Schutzmöglichkeiten anhand einer ausgewählten Community. Verwenden Sie dabei einen angelegten Nutzeraccount und suchen Sie beispielsweise nach Funktionen wie:
- Nutzer melden
- Nutzer stumm schalten
- Privatsphäre Einstellungen

6.9 Spammails und ihre Merkmale

Lerneffekt: Die Schüler*innen erkennen die Merkmale von Spammail-Adressen.

Voraussetzung: Das Thema Spam wurde behandelt (⇨ Seiten 70 und 100).

Vorbereitung: Richten Sie in Ihrem E-Mail-Konto einen gesonderten Ordner ein, in dem Sie Spammails sammeln, um sie den Schüler*innen im Unterricht präsentieren zu können. Stellen Sie eine gute Mischung bereit:

• Spam mit Phishing
• Spam mit Anhängen
• durch Spamfilter markierte E-Mails
• Werbung

Durchführung: Diskutieren Sie im Unterricht die Merkmale von Spammails. Die Schüler*innen prüfen anschließend selbstständig die vorbereiteten E-Mails und ordnen die gefundenen Merkmale zu.

6.10 Spammails intuitiv richtig behandeln

Lerneffekt: Die Schüler*innen lernen, die Verhaltensregeln für das Erkennen von Spam in der Praxis und unter Stress anzuwenden. Diese Übung führen Sie bitte regelmäßig durch: Ziel ist, das theoretische Wissen auch in System 1 (⇨ Seite 6) – das heißt im intuitiven Handeln der Schüler*innen – zu verankern.

Voraussetzungen:
• Das Thema Spam wurde behandelt (⇨ Seiten 70 und 100) und die Übung „Spammails und ihre Merkmale" wurde durchgeführt.
• Die Schule betreibt einen Webserver.
• Sie kennen die E-Mail-Adressen Ihrer Schüler*innen.
• Eine Administrator*in der Schulwebseite steht zur Unterstützung bereit.

Setup: Eine Übungswebseite wird auf dem schuleigenen Webserver bereitgestellt. Diese Webseite ist nur über einen Direktlink aufrufbar, d. h., dass diese Webseite nicht von einer öffentlich erreichbaren Webseite verlinkt werden darf. Auf dieser Übungswebseite befindet sich eine rot blinkende Nachricht: „STOP! Das war eine Falle!" Darunter kann z. B. dieses Erklärvideo zu Phishing-E-Mails eingebunden werden:

Durchführung: Sie legen über einen öffentlichen E-Mail-Anbieter eine E-Mail-Adresse mit kryptischem Namen an und tragen in die Absenderinformationen Ihren echten Namen ein. Anschließend schreiben Sie Ihren Schüler*innen eine kreative Spammail, die den Direktlink zur vorbereiteten Übungswebseite enthält. Der Name des Links soll keinen Bezug zu Ihrer Schule haben. Mit „schnellstmöglich", „jetzt sofort" und „letzte Chance" bauen Sie Druck auf, um eine unüberlegte Handlung bei den Schüler*innen auszulösen. Diese Methode hat in der Studie von Linus Neumann (⇒ Seite 6) im Bereich Unternehmenspsychologie die besten Erfolge erzielt!

Hinweis: Diese Übung ist realistischer, wenn der Zugriff auf die Übungswebseite durch eine von der Schule unabhängige Domain möglich wäre.

6.11 Platons Höhlengleichnis in der digitalen Gegenwart

Durchführung: Diskutieren Sie das Höhlengleichnis von Platon in Bezug auf Meinungsbildung mittels
- Freundeskreis,
- sozialer Medien,
- etablierter Nachrichtenformate (Mainstream-Medien).

 Textvorlage:
siehe Kopiervorlage für die Schüler*innen

Erwartungshorizont: Schlagen Sie in der Diskussion des Höhlengleichnisses den Bogen zur Medienlandschaft. Die Medien sind der Schattenwurf realer Ereignisse, die die Bewohner*innen der Höhle als ihre Realität verstehen. Stellen Sie die Frage, ob die Schüler*innen glauben, dass diese Realität die realen Ereignisse vollumfänglich widerspiegeln kann. Gehen eventuell Informationen verloren? Ziehen Sie nun beispielsweise einen Vergleich zu dem digitalen Profil eines Influencers, einer Influencerin. Welche Informationen bleiben hier eventuell im Verborgenen?

Diskutieren Sie anschließend die Aussage des Philosophen Voltaire: „Zweifel ist kein angenehmer Zustand, Gewissheit jedoch absurd."

6.12 Rolle der Medien

Durchführung: Besprechen Sie mit den Schüler*innen in allen Details die Aussage John F. Kennedys (1961) zur Aufgabe der Presse als Macht im Staat. Die Schüler*innen sollen reflektieren, ob sie dieses Verständnis der Medien in die aktuelle Zeit übertragen können.

„Die Presse ist nicht deshalb das einzige Geschäft, das durch die Verfassung spezifisch geschützt wird, um zu amüsieren und Leser zu gewinnen, nicht um das Triviale und Sentimentale zu fördern, nicht um dem Publikum immer das zu geben, was es gerade will, sondern um über Gefahren und Möglichkeiten zu informieren, um aufzurütteln und zu reflektieren, um unsere Krisen festzustellen und unsere Möglichkeiten aufzuzeigen, um zu führen, zu formen, zu bilden, und manchmal sogar die öffentliche Meinung herauszufordern." (John F. Kennedy 1961)

Erwartungshorizont: Das Verständnis dieser Anforderungen an objektive journalistische Arbeit (aus einer Zeit vor der Digitalisierung) soll den Schüler*innen helfen, Informationen und Nachrichtenbeiträge kritisch zu hinterfragen und anhand der diskutierten Kriterien zu reflektieren.

 Textvorlage:
siehe Kopiervorlage für die Schüler*innen

6.13 Wir tarnen einen Link

Lerneffekt: Die Schüler*innen lernen, wie leicht es für einen Angreifer ist, einen Link zu fälschen, und wie sie gefälschte Links einfach erkennen können.

Voraussetzungen: Windows-PC. Linux und Apple funktionieren genauso, ich beschränke mich aber bei der Erklärung auf Windows.

 Durchführung:
siehe Kopiervorlage für die Schüler*innen

Wir tarnen einen Link

Vorbereitungen

- Öffne den Editor, indem du auf die Windows-Taste drückst und „Editor" eingibst.
- Wähle oben im Editor-Menü **Datei** und dann **Speichern unter...**
- Navigiere im sich öffnenden Fenster zum Ordner **Desktop** und gib unten bei **Dateiname:** „Link.html" ein.
  Achte darauf, dass die Dateiendung kein „.txt" mehr enthält.
- Klicke auf **Speichern.**
- Du wirst eventuell eine Warnung bekommen – bestätige diese mit **Ja.**

- Auf deinem Desktop siehst du ein neues Icon mit dem Namen „Link".
  Der Desktop ist die Fläche, die du auf dem Computer siehst, wenn kein Programmfenster geöffnet ist – er

---

6.14 Wir tarnen einen Absender

Lerneffekt: Die Schüler*innen lernen, wie einfach es ist, beim Versand einer E-Mail einen anderen Absender anzugeben. Diese Erkenntnis wird ihnen beim Erkennen von Spam helfen.

Voraussetzungen: Windows-PC. Linux und Apple funktionieren genauso, ich beschränke mich aber bei der Erklärung auf Windows.
Sollte sich ein GMX-Account nicht anlegen lassen, so ist das Vorgehen bei jedem weiteren E-Mail-Dienst oder auch auf einem selbst betriebenen E-Mail-Server äquivalent.

 Durchführung:
siehe Kopiervorlage für die Schüler*innen

Wir tarnen einen Absender

Los geht's

- Lege zuerst einen E-Mail-Account an. Registriere dich bei der Webseite – hier www.gmx.de – mit ausgedachten Daten. Für die Wiederherstellung des Passworts wählst du ebenfalls eine ausgedachte E-Mail-Adresse.

- Nach dem erfolgreichen Registrieren meldest du dich an.
  Dort gehst du zum E-Mail-Postfach und suchst im linken Menü die **Einstellungen:**

So einfach täuschst du eine falsche Identität vor

- In den **Einstellungen** navigierst du zum Eintrag **E-Mail-Adressen:**

7 Tutorials

7.1 Spyware entdecken

Spyware läuft für die Benutzer*innen unsichtbar im Hintergrund und ermöglicht den Angreifenden uneingeschränkten Zugriff. Vor der Prüfung, ob ein Handy infiziert ist, solltet ihr Folgendes wissen:

Spyware wird meist vorsätzlich von einer anderen Person auf dem Handy installiert und kostet zudem monatlich Geld. Von daher hat der Angreifer einen triftigen Grund, auf eure Daten zuzugreifen. Es könnten auch die Eltern – oder später der Arbeitgeber – sein. Trotzdem ist eine Spyware ohne euer Wissen ein Eingriff in die Privatsphäre. Für Eltern gibt es andere Alternativen (z. B. die Software Family Link), welche besser geeignet sind. Falls ihr Spyware auf eurem Smartphone entdeckt und einen Angreifer vermutet, sprecht ihn daher direkt an.

In diesem Tutorial schauen wir uns an, wie wir potenzielle Überwachungsprogramme auf dem Smartphone aufspüren.

Voraussetzungen: Die Schüler*innen besitzen ein Smartphone, das nicht durch eine Jugendschutzapp der Eltern gesperrt wurde. Bei Gruppenarbeit ist auf den Datenschutz der Schüler*innen zu achten.
Alternativ: als Hausaufgabe mit den Eltern durchführen.

 Durchführung:
siehe Kopiervorlage für die Schüler*innen

Spyware entdecken

Woran erkennst du Spyware?
Erster Hinweis: Spyware verbraucht meist viele Ressourcen, also Strom (Akku), Speicherplatz, Prozessorleistung und Daten. Du merkst, dass der Akku nicht mehr lange hält, die mobilen Daten schneller aufgebraucht werden oder das Smartphone generell langsamer geworden ist.

7.2 Wie suche ich richtig?

Eine Suchmaschine ist ein Computerprogramm, das den HTML-Code einer Webseite liest, sich deren wichtigste Wörter merkt und dadurch eine Art Inhaltsverzeichnis für das Internet erstellt.

Dabei sollte uns bewusst sein, dass es sich noch immer um ein Computerprogramm handelt, das eine andere Sprache als wir Menschen spricht. Moderne Suchmaschinen nutzen künstliche Intelligenz, um auch auf menschliche Fragestellungen antworten zu können. So liefert beispielsweise eine Suchanfrage bei Google in der Form

„Wie kann ich meine App-Berechtigungen in Android einstellen?"

eine direkte Antwort.

Verwenden wir die gleiche Frage bei den Suchmaschinen qwant oder Duckduckgo, stellen wir hingegen fest, dass diese die wichtigsten Wörter (Schlüsselwörter) der Frage nutzen und als Ergebnis Links zu Webseiten liefern, die möglichst viele dieser Wörter in ihren Überschriften aufweisen. Es fällt auf, dass die Suchmaschinen so intelligent sind, Synonyme zu verwenden: also „einstellen" in unserer Suche mit dem Wort „ändern" oder auch „verwalten" gleichsetzt. So ist das erste Ergebnis dieser Anfrage auf qwant eine Webseite mit dem Titel:

„Berechtigungen für Apps auf Ihrem Android-Smartphone ändern"

Eine Suchanfrage allein mit „App Berechtigungen Android ändern" bringt vergleichbare Ergebnisse.

Und hier sind wir direkt beim Thema. Die beste Art, Suchmaschinen zu verwenden, ist, direkt nach Schlüsselwörtern zu suchen, die sich in der Überschrift zu dem gesuchten Thema wiederfinden sollten.

Arbeitsmittel:
siehe Kopiervorlage für die Schüler*innen

Probiert das doch einmal aus: Ihr möchtet speziell für euer Gerät nach Anleitungen suchen, um zu prüfen, ob eine App Administratorrechte besitzt. Dazu sucht ihr zuerst nach Eigenschaften, die euer Gerät beschreiben. Dies können der Hersteller (z. B. Samsung), das verwendete Betriebssystem (z. B. Android) und eventuell auch die Version des Betriebssystems (z. B. 6.0) sein. All diese Informationen schreibt ihr in das Suchfeld der Suchmaschine eurer Wahl. Dann ergänzt ihr Schlüsselwörter, die im Suchergebnis enthalten sein sollen. In unserem Beispiel wären das „Administrator", „Rechte" und „App". Dann fügt ihr noch ein Verb hinzu, das beschreibt, was ihr tun möchtet. In unserem Beispiel wählen wir „prüfen".

Ihr sucht nun also z. B. nach

„Samsung Android 6.0 Administrator App Rechte prüfen"

Sieht das Ergebnis nicht so aus, wie ihr euch das vorgestellt habt, versucht ihr, das Ergebnis zu verbessern.

Taucht z. B. der Hersteller „Samsung" in deinen Ergebnissen gar nicht auf, kannst du davon ausgehen, dass Samsung bei der Rechtevergabe von Apps keine von Android abweichende Lösung anbietet. Also entfernst du „Samsung" aus der Anfrage.

Taucht aber das Wort „Administrator" in den Lösungen nicht auf, gehst du anders vor. Dieses Wort ist nämlich sehr wichtig und der Kern deiner Frage. Versuche es mit „Administratorrechte" – die neue Anfrage sieht nun so aus:

„Android 6.0 Apps Administratorrechte prüfen"

So näherst du dich geschickt der passenden Antwort.

Wenn du nicht viel lesen möchtest, kannst du in der Suchmaschine auch die Ergebnisse für eine Suche nach Videos oder Bildern auswählen. Dort findest du die passenden Erklärvideos oder Screenshots zu deinem Problem.

Aufgabe für den Unterricht: Sucht nach dem empfohlenen Mindestalter ausgewählter Apps.

7.3 Browser-Erweiterungen entdecken und entfernen

Plug-ins im Browser haben Zugriff auf den Verlauf, Passwörter, können Einstellungen ändern, automatisch Werbung öffnen und zu Phishing-Seiten umleiten. In diesem Tutorial schauen wir uns an, wie wir auch versteckte Plug-ins aufspüren und den Browser bereinigen können.

Voraussetzungen: Windows-PC. Linux und Apple funktionieren genauso, ich beschränke mich aber bei der Erklärung auf Windows.

Durchführung:
siehe Kopiervorlage für die Schüler*innen

◈ miLiTzĸe

Browser-Erweiterungen entdecken und entfernen

Browser Erweiterungen (Plug-ins) findest du bei jedem Browser auf anderen Wegen.

Chrome

- Öffne das Menü über die Schaltfläche rechts oben: **drei senkrechte Punkte.**
- Dort gelangst du in die **Einstellungen**, wo du in der linken Navigation in einem neuen Tab **Erweiterungen**

Keine Angst: Sie können keinen Browser durch Deinstallieren von Erweiterungen kaputt machen. Für jeden Browser gilt: Lassen sich unerwünschte Plug-ins nicht deinstallieren, sollte der ganze Browser deinstalliert werden.

8   Technische Bildung

Der Themenbereich der technischen Bildung umfasst all jene Themen der Digitalisierung, die die technischen Mechanismen und Grundlagen digitaler Geräte zum Inhalt haben.

Eine Auswahl an technischen Workshops, die ich bereits mit Schüler*innen ab Klassenstufe 7 durchgeführt habe, biete ich begleitend zu diesem Buch als Download an. Diese Workshops bauen aufeinander auf und können sowohl im Informatikunterricht als auch in Projektwochen oder außerschulischen AGs eingesetzt werden. Zudem bieten sie neben dem technischen Aspekt eine Vertiefung zu den Inhalten dieses Buches und können dazu beitragen, offen gebliebene Fragen zu klären.

Die Workshops richten sich in Form von praktischen Übungen und Erklärungen direkt an die Schüler*innen. Bei der Auswahl habe ich Wert darauf gelegt, die Interessen der Schüler*innen zu treffen, sodass sie die – meiner Erfahrung nach – teilweise komplizierten Inhalte bearbeiten wollen. Die praktischen Übungen sind so ausgelegt, dass ihre Durchführung einen echten Mehrwert schafft – für die Schüler*innen selbst, aber auch für deren Eltern.

Vernetzung

Im ersten Workshopangebot beschäftigen wir uns mit dem großen Thema der Vernetzung. Wir lernen dabei nicht nur, wie Geräte im Internet adressiert werden, sondern auch, wie wir den heimischen Router konfigurieren können. Außerdem lernen wir die Sprache der Computer kennen, bis wir in der Lage sind, eine eigene Sprache für einen eigenen Messenger zu erfinden.

Wer es etwas umfangreicher möchte, kann das erlernte Wissen verwenden, um für das heimische Netzwerk einen eigenen Werbefilter zu konfigurieren, um ungewünschte Werbung auf allen heimischen Geräten zentral zu blockieren. Auch dafür gibt es ein Projekt, welches das Vorgehen Schritt für Schritt erklärt.

Programmierung

Im zweiten Workshopangebot kümmern wir uns um die Programmierung. Wir lernen die Logik von Computerprogrammen kennen und umreißen kurz die Eigenschaften einer künstlichen Intelligenz. Um dies verständlich zu machen, lernen die Schüler*innen, selbst wie ein Computer zu denken und ihre Gedanken in logisch aufeinanderfolgende Befehle zu ordnen.

Daten

Im dritten Workshopangebot kümmern wir uns dann um das Herz der Software – unsere Daten. Wir nähern uns nun also dem Thema Datenschutz von der technischen Seite. Dabei zeige ich, wie sich jeder zu Hause eine eigene Datenbank erstellen kann. Zu dieser Datenbank bauen wir eine kleine Webseite und sehen das erste Mal, wie der Besitzer, die Besitzerin der Datenbank auf die Daten der Webseite zugreifen kann. Natürlich ist uns das nicht genug. Am Ende dieses Themenblocks wenden wir unser neues Wissen über die Sprache der Datenbanken an, um unsere eigene Webseite zu hacken, sodass wir uns mit einem fremden Account einloggen können. Mit diesem Wissen können wir das Thema der Passwortsicherheit mit den Eltern diskutieren.

Workshopangebot 1

Arbeiten mit Computern – Vernetzung
Inhaltsübersicht:
» Wie reden Computer miteinander?
» Sprache der Computer
» Digital und analog – das binäre Zahlensystem
» Grammatik
» Protokolle
» IP-Adressen
» Wir erstellen ein Netzwerk
» Projekt: Wir verbinden Netzwerke
» Den Router finden
» Router einrichten
» Sonstiges Wissen zur Netzwerktechnik
» Computer mit Namen ansprechen (DNS)
» Automatisch IP-Adressen vergeben (DHCP)
» Wie funktionieren Messenger?
» Verschiedene Übertragungsarten
» Verschiedene Verbindungsarten
» Protokolle/Sprachen
» Projekt: Wir erfinden einen eigenen Messenger
» Projekt: Werbung blocken mit eigenem DNS-Server

Workshopangebot 2

Wie denken Computer? – Programmierung
Inhaltsübersicht:
» Logik
» Künstliche Intelligenz
» Wir lernen programmieren
» Funktionen (Anweisungen)
» Variablen und Zuweisungen
» Bedingungen
» Schleifen
» Programmieren lernen in der Praxis
» Tools, um programmieren zu lernen

Workshopangebot 3

Das Herz der Software: die Daten – Datenschutz
Inhaltsübersicht:
» Datenbanken
» Projekt: Wir erstellen eine Datenbank
» SQL
» Projekt: Wir erstellen eine Webseite
» HTML
» Eigenen Server aufsetzen
» Programmierung des Servers
» Projekt: Wir verwenden unsere Datenbank
» Projekt: Wir hacken unsere Datenbank

Glossar

ASCII
Standardisierte Zuordnung von (binären) Zahlen zu Zeichen. Wird international zum Informationsaustausch für Computer verwendet.

Bit
Maßeinheit für die kleinste Informationseinheit. Ein Bit kann die Werte 1 oder 0 annehmen (wahr/falsch). Ein Bit stellt eine Ziffer im binären Zahlensystem dar.

Byte
Ein Byte besteht aus 8 Bit. Es kann somit die Werte zwischen 0 und 255 annehmen (binär: 0000 0000 – 1111 1111).

Bot
Ein Computerprogramm, das automatisch Aufgaben ausführt und auf Ereignisse reagiert, ohne auf die Bedienung durch menschliche Benutzer*innen angewiesen zu sein. Ein einfacher Bot wäre z. B. ein Programm, das in einem Chat automatisch Schimpfworte durch Zeichen wie „!AR!G$!" ersetzt. Ein Bot kann auch künstliche Intelligenz verwenden.

Client
Ein Client bezeichnet ein Computerprogramm, das auf einem Computer (Endgerät) eines Netzwerks ausgeführt wird und mit einem Server kommuniziert bzw. dessen Dienste nutzt.

Cloud
Cloud-Computing ist eine IT-Infrastruktur, die beispielsweise über das Internet verfügbar gemacht wird. Sie beinhaltet in der Regel Speicherplatz, Rechenleistung oder Anwendungssoftware als Dienstleistung. Die Cloud bezeichnet damit einen oder mehrere zusammengeschlossene Server, welche Anwendungen bereitstellen, die direkt auf den Ressourcen der Server ausgeführt werden.

Cookies

Cookies sind kleine Dateien, welche von einer Webseite auf Ihrem Computer gespeichert werden. Diese können verwendet werden, um Sie später zu identifizieren. Somit können Ihnen über die gespeicherten Daten (auch durch andere Webseiten) Interessen, Einstellungen oder Einkaufswagen zugeordnet werden. Mittlerweile ist es Standard, dass Webseiten über die Verwendung von Cookies informieren. Häufig können diese jedoch nicht wirksam abgelehnt werden. Die meisten Browser bieten jedoch an, über ihre Einstellungen Cookies komplett zu verbieten (dann funktionieren jedoch manche Webseiten nicht mehr richtig) oder durch den Inkognito-Modus die Cookies automatisch nach dem Beenden des Browsers zu löschen.

Datenbank

Eine Datenbank ist ein System zur elektronischen Datenverwaltung.

DHCP

Protokoll, welches das Verteilen einer Netzwerkkonfiguration unter verbundenen Geräten ermöglicht.

Digitaler Zwilling

Ein digitaler Zwilling ist eine digitale Repräsentanz eines materiellen oder immateriellen Objekts oder Prozesses aus der realen Welt in der digitalen Welt. Ein digitaler Zwilling von Personen wird auch digitale Identität genannt.

Digitale Identität

Die digitale Identität ist ein digitaler Zwilling einer Person. Diese Person kann ausgedacht oder real sein. Je mehr Daten aus verschiedenen Quellen zusammengeführt werden, umso detaillierter ist der digitale Zwilling. Trotzdem wird er niemals ein exaktes Abbild der Person sein.

DNS

Ein Telefonbuch ist ein Verzeichnis, in dem zu eingetragenen Personen die passende Telefonnummer gefunden werden kann. Das Domain Name System (DNS) ist das digitale Telefonbuch des Internets. Jeder Browser fragt immer erst bei einem DNS-Server nach der Adresse zu der Webseite, die Sie gerade anschauen wollen.

Domain

Als Domain bezeichnet man den merkbaren Namen, welcher zur Adresse eines Internetanschlusses aufgelöst werden kann (siehe DNS). Unter diesem Anschluss sind meist ein oder mehrere Server für Internetdienste erreichbar (Webserver, E-Mail-Server ...). Beispiel:
Die URL www.militzke.de/themenhefte/ gehört zu der Domain militzke.de
Domains werden global eindeutig registriert, der Besitzer, die Besitzerin einer Domain kann mit dem Dienst „Whois" ermittelt werden.
Auch Privatpersonen können durch einen Registrar (z. B. united-domains. de) Domains für eine jährliche Gebühr registrieren lassen.

Hacker/Hackerin

Als Hacker bzw. Hackerin bezeichnen wir Menschen, die durch umfangreiches Verständnis von einem System Möglichkeiten finden, dieses System auszutricksen und es dadurch zweckentfremden. Hacken bezieht sich also nicht nur auf Computerprogramme. Wau Holland, ein Gründer des Chaos Computer Clubs, prägte die Formulierung: „Ein Hacker ist jemand, der versucht einen Weg zu finden, wie man mit einer Kaffeemaschine Toast zubereiten kann".

Host

Bezeichnung für einen mit einem Rechnernetz verbundenen Computer.

Hub

Ein Hub ist mit einer Verteilersteckdose vergleichbar, die lediglich eine physische Verbindung herstellt. Siehe auch: Switch, LAN.

HTML

Die Hypertext Markup Language (HTML) ist eine Programmiersprache, die durch einen Browser ausgeführt wird. HTML wird verwendet, um Webseiten zu programmieren. Diese Sprache bildet somit die Grundlage für unser modernes Internet.

IP-Adresse

Eine IP-Adresse ist die Adresse eines vernetzten Computers. Über diese Adresse kann er in einem Netzwerk gefunden werden. Sie kann also mit einer Telefonnummer verglichen werden. Siehe auch: Subnetzmaske.
IP-Adressen können automatisch durch einen DHCP-Server vergeben oder am Gerät fest eingestellt werden.

Künstliche Intelligenz

Künstliche Intelligenz (KI), auch artificial intelligence (AI), bezeichnet Computerprogramme, die auf der Grundlage vorhandener Datenmengen Regeln ableiten, die sie anschließend verwenden, um automatisch Entscheidungen treffen zu können. In anderen Worten: Ein Computerprogramm reagiert automatisch auf bestimmte Eingabedaten. Diese Reaktion basiert auf Regeln, welche durch das Programm anhand einer großen Menge von Beispielen selbst erlernt werden. Problematisch ist bei KI-Systemen meist die Nachvollziehbarkeit der getroffenen Entscheidung.

LAN

Local Area Network – allgemeingültige Bezeichnung für lokal vernetzte Computernetze wie Heimnetzwerke, Rechnernetze in Schulen und Büros, etc. Geräte in LANs können auch über Funk (siehe: WLAN) oder das Stromnetz (PowerLAN) vernetzt werden.

MAC-Adresse

Die MAC-Adresse (Media-Access-Control-Adresse) ist die Hardware-Adresse jedes einzelnen Netzwerkadapters, die als eindeutiger Identifikator des Geräts in einem Rechnernetz dient. Man spricht auch von physischer Adresse oder Geräteadresse. Bei Apple wird sie auch Ethernet-ID, Airport-ID oder Wi-Fi-Adresse genannt, bei Microsoft Physikalische Adresse.
Anders als die IP-Adresse ist die MAC-Adresse an die Hardware gebunden und kann im Normalfall nicht geändert werden. Der Router kann MAC-Adressen verwenden, um verbundene Geräte im Netzwerk zu identifizieren. Dadurch kann er ihnen feste Namen oder IP-Adressen zuordnen.

Metadaten

Metadaten (oder Metainformationen) sind strukturierte Daten, die zusätzliche Informationen über die Merkmale anderer Daten enthalten. Dies sind zum Beispiel Verbindungsinformationen eines Telefonanrufs, Positionsdaten und dergleichen. Oft sind diese Metadaten nicht ohne Weiteres erkennbar, verfügen jedoch unter Umständen über einen größeren Nutzen als die Daten selbst.

Nerd

Der Begriff Nerd wurde ursprünglich verwendet, um intelligente Menschen mit sozialen Defiziten zu beschreiben. Heute wird der Begriff Nerd teilweise auch als Kompliment für begabte Entwickler*innen verstanden.

P2P

Oder auch Peer-to-Peer ist eine Bezeichnung für die Kommunikation unter gleichberechtigten Computern.

Peer

Ein Peer ist ein gleichgestellter Endpunkt einer Kommunikation – also ein Computerprogramm, das Server und Client gleichzeitig darstellt. Mit dieser Technologie können Peer-to-Peer-Netzwerke ohne zentralen Server aufgebaut werden.

Phishing

Wie beim Angeln werden beim Phishing Köder in der Hoffnung ausgeworfen, dass die Menschen darauf hereinfallen. Es handelt sich meist um nachgemachte E-Mails oder Webseiten, welche die Nutzer*innen dazu verleiten sollen, persönliche Daten wie z. B. Passwörter preiszugeben.

PHP

Eine Programmiersprache (Skriptsprache), die hauptsächlich zur Erstellung dynamischer Webseiten oder Webanwendungen verwendet wird.

Pi-Hole

Pi-Hole ist ein Linux-DNS-Server, der wie ein schwarzes Loch den Zugriff auf Werbeanzeigen und Webtracker unterbindet, indem er die Namensauflösung der betreffenden Domains auf leeren Inhalt umleitet.

Raspberry Pi

Der Raspberry Pi ist ein Minicomputer, der mit dem Ziel entwickelt wurde, jungen Menschen den Erwerb von Programmier- und Hardwarekenntnissen zu erleichtern. Entsprechend niedrig wurde der Verkaufspreis angesetzt, der je nach Modell etwa 5 bis 60 Euro beträgt.

Raspbian

Linux Debian basiertes Betriebssystem für den Raspberry Pi.

Rogue Access Point

Als Rogue Access Point bezeichnen wir einen öffentlichen WLAN-Zugang, der ohne die Erlaubnis eines verantwortlichen Administrators errichtet wurde. Dieser kann von einem Angreifer dazu verwendet werden, vertrauliche Daten abzufangen.

Router

Router sind Netzwerkgeräte, die verschiedene Netzwerksegmente (siehe LAN) verbinden und eine Weiterleitung von Datenpaketen zwischen diesen ermöglichen.

Sensible Daten

Sensibel steht im Sinne von verletzlich, empfindsam, verwundbar. Sensible Daten können verwendet werden, um der Quelle (Person, Unternehmen, diverses Objekt) Schaden zuzufügen. Wir haben drei Arten unterschieden:
- Die Daten sind aufgrund ihres Inhalts sensibel.
- Die Daten sind aufgrund ihrer Bestimmung sensibel.
- Die Daten sind aufgrund ihrer eventuellen Verwendung sensibel.

Server

Ein Computer, welcher über ein Computerprogramm bestimmte Dienste im Netzwerk anbietet. Beispiele dafür sind: Webserver, E-Mailserver, Dateiserver, Media Streaming Server, Datenbank Server ... Siehe auch: Client.

Social engineering

Bezeichnet die psychologische Manipulation von Menschen, um über diese an sensible Daten zu gelangen. Der Mensch wird als die Schwachstelle des Computersystems verwendet.

Sonderzeichen

Ein Sonderzeichen ist ein Steuerzeichen, das weder ein Buchstabe noch eine Ziffer ist und dem für die Interpretation oder Darstellung der Daten eine besondere Bedeutung zugeschrieben wird.

Spam

Als Spam werden unerwünschte, massenhafte Nachrichten bezeichnet, die unverlangt zugestellt werden, die Empfänger*innen belästigen und oft Werbung enthalten.
Spam kann auch für Phishing verwendet werden oder Schadsoftware verbreiten.

Spyware

Als Spyware wird üblicherweise Software bezeichnet, die Daten von Computernutzer*innen ohne deren Wissen oder Zustimmung an den Hersteller der Software oder an Dritte sendet. Spyware bezeichnet somit Software, die zur Spionage verwendet werden kann.

SQL

SQL ist eine Datenbanksprache zur Definition von Datenstrukturen in relationalen Datenbanken sowie zum Bearbeiten und Abfragen von darauf basierenden Datenbeständen. Die Sprache ist relativ einfach aufgebaut und semantisch an die englische Umgangssprache angelehnt.

SQL-Injection

SQL-Injection ist das Ausnutzen einer Sicherheitslücke in Zusammenhang mit SQL-Datenbanken, die durch mangelnde Überprüfung von Sonderzeichen in Benutzereingaben entsteht. Der Angreifer versucht dabei, eigene Datenbankbefehle einzuschleusen.

Subnetzmaske

Die Subnetzmaske (auch Netzmaske, Netzwerkmaske oder Subnetz) ist eine Bitmaske, die bei der Beschreibung von IP-Netzen angibt, welche Bit-Position innerhalb der IP-Adresse für die Adressierung des Netzwerk- bzw. Host-Anteils genutzt werden soll.
Die Subnetzmaske ist also so etwas wie eine Postleitzahl für die IP-Adresse eines Gerätes.

Switch

Ein Switch ist ein intelligentes Netzwerkgerät, das die Geräte eines Netzwerks miteinander verbindet. Ein Switch kann sich die verbundenen Geräte „merken" und somit wie eine Schaltzentrale die Kommunikation untereinander beschleunigen. Siehe auch: Hub, LAN, MAC-Adresse.

Tor

Tor ist ein Netzwerk zur Anonymisierung von Verbindungsdaten. Tor schützt seine Nutzer vor der Analyse des Datenverkehrs. Durch die Verwendung des Onion Browsers wird das Tor-Netzwerk für das Surfen im Internet verwendet werden. Alternativ gibt es Plug-ins für die gängigen Browser.

Tracking

Tracking umfasst alle Verarbeitungsschritte, die der Verfolgung von Objekten dienen. Dies betrifft sowohl die Verfolgung tatsächlicher Positionen als auch von Surfverhalten (Bewegung durch das Internet). Trackingdaten können mit anderen erhobenen Daten kombiniert werden.

URL

Eine URL (Uniform Resource Locator) bezeichnet bzw. identifiziert eindeutig eine Ressource in einem Netzwerk. Eine URL definiert dabei ebenfalls das Protokoll für den Zugriff auf diese Ressource, z. B.:
https://www.militzke.de/index.php
* http://   : Die Kommunikation verwendet das HTTP-Protokoll.
* https://   : Durch Verschlüsselung abhörsichere Kommunikation.
* www.militzke.de : Domain
* index.php   : Ressource (Datei)
Eine URL wird oft auch gleichbedeutend als URI bezeichnet.

Vorratsdaten

Bezeichnet Daten, die durch eine Vorgabe von Behörden durch den Netzbetreiber erhoben und auf Vorrat gespeichert werden sollen. Die Vorgaben zur Speicherung von Vorratsdaten wurden mehrfach vom Verfassungsgericht als verfassungswidrig erklärt.

WLAN

Ein WLAN (Wireless Local Area Network) ist ein drahtlos (kabellos) verbundenes lokales Netzwerk. Siehe auch: LAN.

Whistleblower

Als Whistleblower bezeichnet man eine Person, die für die Allgemeinheit wichtige Informationen aus einem geheimen oder geschützten Zusammenhang an die Öffentlichkeit bringt. Dies können zum Beispiel die Praktiken in einem Unternehmen, einer Regierungseinrichtung oder dem Militär sein. Whistleblower bewegen sich somit in einer rechtlichen Grauzone, da sie gegen Verträge verstoßen, wenn sie über Missstände berichten, die sie an ihrem Arbeitsplatz erleben, oder sich diese Informationen unrechtmäßig aneignen.
Sie handeln somit oft unter hohem persönlichem Risiko, um der Allgemeinheit zu dienen.

Details zu den im Buch angesprochenen Whistleblowern:

Chelsea Manning (http://www.bradleymanning.org/)
war als IT-Spezialistin für die US-Streitkräfte tätig. Sie hat Videos und
Informationen über die Plattform Wikileaks veröffentlicht, die 303 Fälle
von Folter durch Besatzungstruppen im Irak sowie den Beschuss von ira-
kischen Zivilisten und Journalisten der Agentur Reuters durch einen US-
Kampfhubschrauber dokumentieren. Zudem haben die Dokumente zur
Veröffentlichung von Informationen zum Gefangenenlager Guantanamo
geführt. Manning wurde 2010 verhaftet und zu 35 Jahren Haft verurteilt.
Manning durchlebte sehr harte Haftbedingungen, verbrachte mehrere
Monate in Einzelhaft ohne Bettzeug und Kleidung. Im Januar 2017 wurde
Manning nach mehreren Selbstmordversuchen und Hungerstreik durch
Präsident Obama begnadigt. Manning wurde im März 2020 aus der Haft
entlassen, da ihre Aussage nicht mehr benötigt werde und somit der Haft-
grund entfiel. Nils Melzer, hochrangiger Vertreter der Vereinten Nationen,
beschuldigt die US-Regierung der Folter Mannings.

Edward Snowden (Greenwald 2015, Rosenbach & Stark 2014)
ist ein ehemaliger CIA-Mitarbeiter, der im Jahr 2013 Enthüllungen über die
weltweiten Überwachungs- und Spionagepraktiken von Geheimdiensten
veröffentlichte. Die Veröffentlichung dieser Informationen löste weltweite
Diskussionen und Proteste aus. Snowden wurde mehrfach durch nichtstaat-
liche Organisationen ausgezeichnet und 2016 für den Friedensnobelpreis
nominiert. Das FBI hat 2013 einen Haftbefehl wegen Spionage ausgestellt.
Snowden bat um Asyl in mehreren Ländern – darunter Deutschland –, was
jedoch großteils abgelehnt wurde. Snowden lebt im Exil in Russland und
engagiert sich noch heute für Freiheitsrechte und gegen Überwachung. Er
hält regelmäßig per Livestream Ansprachen auf Konferenzen.

Julian Assange (Melzer 2021)
ist investigativer Journalist, Programmierer und Gründer der Plattform
Wikileaks. Wikileaks hat das Ziel, als geheim klassifizierte Dokumente von
öffentlichem Interesse zu veröffentlichen und seine Quellen – die Whistleblower – bestmöglich zu schützen. Assange enthüllte schwere Regierungs-
vergehen, einschließlich mutmaßlicher Kriegsverbrechen und Korruption.
Seit 2012 lebt Assange im Asyl der ecuadorianischen Botschaft in London.
Das Asylrecht wurde ihm jedoch vom neuen ecuadorianischen Präsidenten
im April 2019 aberkannt, was zu Assanges Inhaftierung mit anschließen-

dem Auslieferungsantrag der USA führte. Eine Richterin in London hatte das Auslieferungsbegehren jedoch mit Hinblick auf Assanges angegriffener psychischen Gesundheit und die zu erwartenden Haftbedingungen in den USA abgelehnt. Dagegen legte die US-Staatsanwaltschaft Berufung ein (ZEIT ONLINE 2021).

Der UN-Sonderberichterstatter für Folter, Nils Melzer, sowie Assanges Anwälte erheben schwere Vorwürfe gegenüber britischen und US-Behörden. Assange soll während seiner Inhaftierung psychischer Folter ausgesetzt gewesen sein (dpa 2020).

XMPP

Das Extensible Messaging and Presence Protocol ist ein offener Standard eines Kommunikationsprotokolls. XMPP ermöglicht den Austausch von Daten. Es wird in unterschiedlichen Messengerdiensten als Übertragungsschicht verwendet.

Quellenverzeichnis

3sat: Künstliche Intelligenz: Kampfdrohnen ohne Piloten … https://www.youtube.com/watch?v=4s11BK_pd5k; abgerufen am 02.09.2021.

Apfel, Petra (2020): Gestörtes Verlangen: In Deutschland leben 250.000 pädophile Männer. https://www.focus.de/gesundheit/ratgeber/psychologie/krankheitenstoerungen/erschreckende-zahlen-gestoertes-verlangen-in-deutschland-leben-250-000-paedophile-maenner_id_11141877.html; abgerufen am 25.11.2020.

Bergt, Svenja (2021): Der Konfettiregen täuscht. taz vom 08.02.2021.

Berners-Lee, Tim (2020): Warum das Web für Frauen und Mädchen funktionieren muss. https://webfoundation.org/2020/03/web-birthday-31/; abgerufen am 25.11.2020.

Biselli, Anna (2015): Vorratsdatenspeicherung. https://media.ccc.de/v/11np-03-Vorratsdatenspeicherung_-_Fighting_with_Zombies; abgerufen am 21.07.2020.

BMJV: Datenschutz-Grundverordnung. https://www.bmjv.de/DE/Themen/FokusThemen/DSGVO/DSVGO_node.html; abgerufen am 25.11.2020.

Bundeszentrale für politische Bildung (2013): Eine Online-Petition erstellen. https://www.bpb.de/lernen/grafstat/partizipation-20/163711/m-03-05-eine-online-petition-erstellen; abgerufen am 24.06.2021.

Büring, Harald (2020): Dürfen Ärzte, Lehrer und Anwälte WhatsApp beruflich nutzen? https://www.golem.de/news/datenschutz-duerfen-aerzte-lehrer-und-anwaelte-whatsapp-beruflich-nutzen-2003-147259.html; abgerufen am 06.05.2021.

Dachwitz, Ingo (2021): Das Datenschutz-Recht für die digitale Welt bleibt eine Großbaustelle. https://netzpolitik.org/2021/ttdsg-telekommunikation-telemedien-datenschutzgesetz-das-datenschutz-recht-fuer-die-digitale-welt-bleibt-eine-grossbaustelle; abgerufen am 01.09.2021.

dpa (2020a): Landesdatenschützer warnt vor automatisierten Online-Profilbildungen. https://www.heise.de/news/Landesdatenschuetzer-warnt-vor-automatisierten-Online-Profilbildungen-4944615.html; abgeruf. am 18.05.2021.

dpa (2020b): Foltervorwurf: Mediziner und Psychologen bangen um Assanges Leben. https://www.heise.de/newsticker/meldung/Foltervorwurf-Mediziner-und-Psychologen-fuerchten-um-Assanges-Leben-4662397.html; abgerufen am 13.05.2021

Eikenberg, Ronald (2020): Wie Avast die Daten seiner Kunden verkaufte. https://www.heise.de/ct/artikel/Wie-Avast-die-Daten-seiner-Kunden-verkaufte-4657290.html; abgerufen am 25.11.2020.

Fuest, Benedikt (2019): Wie Amazon-Mitarbeiter Ihre Alexa-Aufnahmen mithören. https://www.welt.de/wirtschaft/webwelt/article191741517/Amazons-Echo-Mitarbeiter-hoeren-Alexa-Aufnahmen-mit.html; abgerufen am 23.06.2021.

Galileo | ProSieben (2014): Spionagegadgets im Kalten Krieg. https://www.youtube.com/watch?v=RnyYLtbFV3I; abgerufen am 07.06.2021.

Gallop, Cindy (2012): Make Love Not Porn. https://re-publica.com/de/session/make-love-not-porn; abgerufen am 20.07.2020.

Grävemeyer, Arne (2020): Datensammler entdecken die DNA ihrer Kunden als Kapital. https://www.heise.de/ct/artikel/Datensammler-entdecken-die-DNA-ihrer-Kunden-als-Kapital-4657117.html; abgerufen am 30.01.2021.

Greenwald, Glenn (2015): Die globale Überwachung: Der Fall Snowden, die amerikanischen Geheimdienste und die Folgen. Knaur TB, München.

Greis, Friedhelm (2020): Datenleck bei App für intime Geständnisse. https://www.golem.de/news/whisper-datenleck-bei-app-fuer-intime-gestaendnisse-2003-147188.html; abgerufen am 30.01.2021

Hawks, John Twelve (2006): Traveler. Page & Turner, München.

Hochwald, Franziska (2021): Selbstverletzung bei Jugendlichen – Warum Ritzen zur Sucht wird. https://www.swr.de/swr2/wissen/selbstverletzung-bei-jugendlichen-warum-ritzen-zur-sucht-wird-swr2-wissen-2021-04-08-100.html; abgerufen am 23.06.2021.

Holland, Martin (2020): NSA-Vorratsdatenspeicherung: 4 Jahre, 100 Millionen US-Dollar, ein Treffer. https://www.heise.de/newsticker/meldung/NSA-Vorratsdatenspeicherung-4-Jahre-100-Millionen-US-Dollar-ein-Treffer-4668260.html; abgerufen am 30.04.2021.

Huber, Manuela (2013): Organisierte sexuelle Ausbeutung und rituelle Gewalt. https://www.michaela-huber.com/files/vortraege2013/organisierte-ausbeutung-rituelle-gewalt-und-dissoziative-stoerungen-michaela-huber-2013.pdf; abgerufen am 25.11.2020.

Igler, André (2019): Tracking im Internet. https://media.ccc.de/v/pw19-226-du-entkommst-uns-nicht-ein-vortrag-ber-tracking-im-internet-#t=5; abgerufen am 22.07.2020.

Kahl, Jonas (2015): Schleichwerbung und Product Placement im Internet. Grauzone mit Abmahnrisiken. https://www.lto.de/recht/hintergruende/h/youtube-schleichwerbung-product-placement-werbung-irrefuehrung/; abgerufen am 26.11.2020.

Kahneman, Daniel (2016): Schnelles Denken, langsames Denken. Siedler, München.

Krempl, Stefan, Axel (2020): EuGH kippt EU-US-Datenschutzvereinbarung „Privacy Shield". Update: https://www.heise.de/news/EuGH-kippt-EU-US-Datenschutzvereinbarung-Privacy-Shield-4845204.html; abgerufen am 23.06.2021.

Kennedy, John. F. (1961): Rede vor amerikanischen Zeitungsverlegern. http://www.john-f-kennedy.info/reden/1961/bureau-of-advertising/; abgerufen am 24.06.2021.

Ketterer, Alexandra (2019): Zyklus-Apps geben intime Daten an Facebook weiter. https://netzpolitik.org/2019/zyklus-apps-geben-intime-daten-an-facebook-weiter; abgerufen am 30.04.2021.

Krämer, Benjamin (2018): Gmail analysiert eure E-Mails und zeigt sie hunderten von Firmen [Update]. https://netz.de/netzkultur/news/gmail-analysiert-eure-emails-und-zeigt-sie-hunderten-von-firmen; abgerufen am 01.09.2021.

Kremp, Matthias (2020): Google veröffentlicht Bewegungsdaten für 131 Länder. https://www.spiegel.de/netzwelt/netzpolitik/coronavirus-google-veroeffentlicht-bewegungsdaten-fuer-131-laender-im-lockdown-a-158df728-5a2f-4b56-87e0-55ea5839456f; abgerufen am 23.06.2021.

Lehmann, Theresa & Le, Nhi (2017): Von Bienchen und Blümchen – Sexuelle Aufklärung im Netz. https://re-publica.com/de/session/bienchen-und-blumchen-sexuelle-aufklarung-im-netz; abgerufen am 20.07.2020.

Markowetz, Alexander (2015): Digitaler Burnout: Warum unsere permanente Smartphone-Nutzung gefährlich ist. Droemer eBook.

Melzer, Niels (2021): Der Fall Julian Assange – Geschichte einer Verfolgung. Piper, München.

Neumann, Linus (2020): Hirne hacken – Menschliche Faktoren in der IT-Sicherheit. https://linus-neumann.de/2020/01/hirne-hacken-36c3/; abgerufen am 24.11.2020.

Peters, Roland (2014): US-Drohnen im Anti-Terrorkampf. NSA liefert Daten zur Tötung von Zivilisten. https://www.n-tv.de/politik/NSA-liefert-Daten-zur-Toetung-von-Zivilisten-article12248931.html; abgerufen am 30.01.2021.

Pink, Daniel H. (2011): Drive: The Surprising Truth About What Motivates Us. Riverhead Books, New York City.

Prantl, Heribert (2012): Städte dürfen Daten ihrer Bürger verkaufen. sueddeutsche.de/digital/umstrittenes-meldegesetz-staedte-duerfen-daten-ihrer-buerger-verkaufen-1.1404929; abgerufen am 25.11.2020.

Rat der Europäischen Union (2015): General Data Protection Regulation. https://www.statewatch.org/media/documents/news/2015/dec/eu-council-dp-reg-prep-trilogue-14902-15.pdf; abgerufen am 01.09.2021.

Rosenbach, Marcel & Stark, Holger (2014): Der NSA-Komplex. Edward Snowden und der Weg in die totale Überwachung. Deutsche Verlags-Anstalt, Stuttgart.

Scherfig, Leon (2017): Kurzfilm „Slaughterbots" warnt vor autonomen Kampfrobotern. https://www.derwesten.de/leben/digital/kurzfilm-slaughterbots-warnt-vor-autonomen-kampfrobotern-id212539777.html; abgerufen am 30.01.2021.

Solmecke, Christian (2018): WhatsApp jetzt ab 16 – Was droht Nutzern, die ein falsches Alter angeben? RA Christian Solmecke zur Rechtslage. https://www.wbs-law.de/it-und-internet-recht/whatsapp-bald-erst-ab-16-was-steckthinter-der-geplanten-agb-aenderung-ra-christian-solmecke-zur-rechtslage-23592/; abgerufen am 23.06.2021.

Spehr, Michael (2020): App warnt vor App. https://www.faz.net/aktuell/technik-motor/digital/schutz-der-privatsphaere-app-warnt-vor-app-16680728.html; abgerufen am 25.11.2020.

TÜV Süd (2019): Warum will die Bundesregierung ein Recht auf Dateneigentum geltend machen? https://datenschutz-fachportal.tuev-sued.de/artikel/datenschutz-dateneigentum.html; abgerufen am 25.11.2020.

Ward, Adrian F. u. a. (2017): Brain Drain: Die bloße Präsenz des eigenen Smartphones reduziert die verfügbare kognitive Kapazität. https://www.journals.uchicago.edu/doi/pdf/10.1086/691462; abgerufen am 30.01.2021.

Welling, Kira (2017): Blue Whale Challenge: Was ist das? Einfach erklärt. https://praxistipps.chip.de/blue-whale-challenge-was-ist-das-einfach-erklaert_93671; abgerufen am 01.09.2021.

Wendt, Johannes & Beuth, Patrick (2014): Facebook-Nutzer als Versuchskaninchen. https://www.zeit.de/digital/internet/2014-06/facebook-studie-nutzerdaten-datenschutz; abgerufen am 23.06.2021.

Vogelgesang, Arne (2019): Let's Play Infokrieg. https://media.ccc.de/v/36c3-10639-let_s_play_infokrieg; abgerufen am 26.11.2020

Zajonz, David (2018): Wie handelt die Post mit Daten? https://www.tagesschau.de/inland/faq-post-daten-101.html; abgerufen am 25.11.2020.

ZEIT ONLINE (2021): WikiLeaks-Gründer erleidet Rückschlag im Streit um Auslieferung in USA. https://www.zeit.de/politik/ausland/2021-08/julian-assange-wikileaks-auslieferungsantrag-berufung-rechtsstreit-suizidgefahr; abgerufen am 01.09.2021.

Anhang

Mail an Beschwerdestelle – Antwort

Betreff: Ihre Beschwerde bei der FSM; Unsere Prüfungsnr. 87026

Datum: Thu, 03 Jun 2021 16:32:10 +0200

Von: FSM Hotline <hotline@fsm.de>

An: andres.maenner@xxxxxxxx.de

Sehr geehrter Herr Männer,

vielen Dank für die Eingabe Ihrer Beschwerde. Dennoch muss ich Ihnen mitteilen, dass wir hierin keinen Verstoß sehen.

Dies liegt daran, dass bei der Einstufung einer Altersfreigabe gem. den USK Vorschriften andere Kriterien maßgebend sind, als nach der EU-DSGVO. Dies hat den Hintergrund, dass der Download einer Messenger-App für sich genommen noch keine unmittelbaren Gefahren für Kinder- und Jugendliche birgt. Erst das aktive Nutzen solcher Applikationen erfordert aus unterschiedlichen Gründen (z.B. Datenschutz) ein gewisses Mindestalter bzw. die Zustimmung der Erziehungsberechtigten.
Aus diesem Grund werden wir kein Beschwerdeverfahren eröffnen. Bitte teilen Sie uns bei Rückfragen die Prüfungsnummer mit.

Mit freundlichen Grüßen

Michael Müller
Beauftragter der FSM-Beschwerdestelle

FSM-Beschwerdestelle
Postfach 02 77 17
10130 Berlin
Fax: 030 240484-59
E-Mail: hotline@fsm.de
Vereinsregisternummer beim AG Berlin Charlottenburg: VR 20264 B

Messengerdienste – Sicherheit

	Briar	Element/Matrix	Blabber.im	Telegram
quelloffen	✓	✓	✓	✓
reproduzierbar	✓	✓	✓	✓
nutzt keine Tracker	✓	Opt-in	✓	✓
kein App-Store-Zwang	✓	✓	✓	✓
kein Zwang zur Angabe der Telefonnummer	✓	✓	✓	✗
hält sich an lokal geltendes Recht und DSGVO	✓	✓	✓	weder noch
offene Schnittstellen	✗	✓	XMPP	✗
freie Software	✓	✓	✓	✗
Ende-zu-Ende-Verschlüsselung	✓	✓	✓	nur Einzelchats, muss aktiviert werden
Protokoll	Bramble	Olm/Megolm	OMEMO	MTProto
Audit	2017	2016	nicht bekannt	2017
Metadatensparsamkeit	✓	✗	✗	✗
kein automatischer Adressbuch-Upload	✓	✓	✓	✗
Betriebssysteme	Android	Android, iOS	Android	Android, iOS
Netzwerk/Infrastruktur	dezentral peer-to-peer	föderiert, verteilte Server	föderiert, verteilte Server	zentral, eigene Server

nach: Will, Moritz Mike (2021): Sichere Kommunikation innerhalb der Polizei mittels tragbarer digitaler Medien. Bachelor-Thesis, Fachhochschule Polizei Sachsen-Anhalt.

Signal	Threema	Skype	WhatsApp	Facebook-Messenger
✓	✓	✗	✗	✗
✓	App	✗	✗	✗
✓	✓	✗	✗	✗
✗	✗	✗	✗	✗
✗	✓	✓	✗	✗
✓	✓	✗	weder noch	weder noch
✗	✗	✗	✗	✗
✗	✗	✗	✗	✗
✓	✓	✗	nur Einzelchats	nur Einzelchats, muss aktiviert werden
Signal Protokoll	NaCl	unbekannt	Signal Protokoll nicht prüfbar	unbekannt
2017	2020	✗	✗	✗
bedingt	bedingt	✗	✗	✗
✗	✓	✓	✗	✗
Android, iOS	Android, iOS	Android, iOS	Android, iOS	Android, iOS
zentral, eigene Server	zentral, eigene Server	zentral, eigene Server	zentral, eigene Server	zentral, eigene Server

Anmerkungen

1 Linus Neumann ist Diplompsychologe, Hacker, Berater für IT-Sicherheit und einer der Sprecher des Chaos Computer Clubs. Er trat mehrfach im Bundestag als Sachverständiger für IT-Sicherheit auf.

2 Jeder kann sich zu Hause einen eigenen Webserver installieren und eine eigene Webseite im Internet global anbieten. Dies geschieht völlig unreguliert. Damit kann jeder am Internet teilhaben, ohne um Erlaubnis bitten zu müssen. Eine Autorität fehlt jedoch nur theoretisch: Mächtige Konzerne entscheiden sehr wohl, welche Angebote sie listen und welche nicht. Bei der Reichweite von global agierenden Suchmaschinen kann man von Autorität sprechen: Es besteht eine durch kommerzielle Unternehmen gesteuerte Auffindbarkeit von Angeboten. Die Regularien dieser Unternehmen unterliegen keiner demokratischen Kontrolle und müssen nicht mit regionalen Gesetzen konform gehen.

3 Gesetze bezüglich Datensicherheit bei der Verwendung amerikanischer Produkte:
(USA): cio.de/a/zwischen-us-justiz-und-dsgvo,3582021
(USA): de.wikipedia.org/wiki/CLOUD_Act

4 Tipp: Haben Sie kein Handbuch zu Ihrem Router, dann schauen Sie auf dem Etikett (meist an der Rückseite des Routers angebracht) nach dessen Hersteller und Modellnummer. Über eine Suche im Internet sollten Sie die Support-Webseite des Herstellers und das Handbuch zum Download finden.

5 Durch Zugriff auf mein Gerät kann ein Angreifer von meinem Gerät aus weitere Geräte angreifen, Spam verteilen oder Daten aus dem Netzwerk abgreifen.

6 Ein Virus kann uns aus diversen Gründen zu einer Zahlung zwingen. Beliebt ist die Drohung, private Fotos und Videos zu versenden, oder aber das Verbieten des Zugriffs auf das eigene Gerät als Druckmittel.

7 Ein Virus kann alle Daten des Gerätes irreparabel zerstören und sogar zu Hardwarefehlern des Gerätes führen. Daher sollte für wichtige Daten immer ein Backup angelegt werden.

8 Die Handynutzer*innen sind selbst der Werbeträger: Sie verbreiten die Werbebotschaft wie ein Virus in kurzer Zeit über viele Wege, z. B. Social-Media-Kanäle.

9 Beispiel: Im Dritten Reich wurde das Briefgeheimnis durch das Ermächtigungsgesetz aufgehoben. Die juristische Möglichkeit zum Mitlesen privater Gespräche bildete die Grundlage für eine Welle von Verhaftungen aufgrund von politisch ungewollten Meinungen. Auch in der DDR wurden Verhaftungen auf der Grundlage ausspionierter privater Gespräche durchgeführt.

10 strafbar nach § 184 Abs. 1 Nr. 6 StGB

11 Streng genommen sind Hotspots nur dann vertrauenswürdig, wenn sie durch mich selbst oder meine direkten Bekannten betrieben werden. Für öffentliche Hotspots in Geschäften ist zu empfehlen, erst einen Bediensteten zu fragen, ob dieser Hotspot auch wirklich durch das Geschäft betrieben wird.

12 Seltsam kann vieles bedeuten. Wenn ihr schon einmal ein solches Virus hattet, versteht ihr, was ich meine. Ihr sucht beispielsweise nach einer bekannten Webseite und bekommt erst einmal eine Liste an Suchergebnissen, die voller Werbung oder unpassender Ergebnisse ist. Manches Virus generiert Geld durch Klicks auf Webseiten, weshalb es natürlich nur solche Seiten anzeigt. Andere Viren versuchen gezielt, die Suche nach Virenscannern oder einer Problemlösung zu unterbinden, um sich selbst zu schützen.

13 Gemeint sind Zugriffsrechte auf Daten wie Standort, Kontakte, Dateien (Fotos, Videos, Medien) und dergleichen.

14 Markdown ist eine Skriptsprache zur Formatierung von Texten. Das heißt, dass im normal geschriebenen Text Steuerzeichen geschrieben werden können, um die Formatierung des Textes zu ändern – beispielsweise Fettschrift, Überschriften und dergleichen. Eine Beschreibung zur Verwendung von Markdown gibt es beispielsweise in Wikipedia: https://de.wikipedia.org/wiki/Markdown

15 Eine Bluebox ist im Prinzip eine Fotokulisse – eine Hintergrundwand für die Webcam. Dadurch kann man verschiedene Bilder in den Hintergrund der Sprecherin, des Sprechers legen.

Register